Los símbolos
masónicos

RENÉ LABAN

LOS SÍMBOLOS
MASÓNICOS

EDICIONES OBELISCO

Si este libro le ha interesado y desea que le mantengamos informado de nuestras publicaciones, escríbanos indicándonos qué temas son de su interés (Astrología, Autoayuda, Ciencias Ocultas, Artes Marciales, Naturismo, Espiritualidad, Tradición...) y gustosamente le complaceremos.

Puede consultar nuestro catálogo en www.edicionesobelisco.com.

Colección Estudios y Documentos
LOS SÍMBOLOS MASÓNICOS
René Laban

1.ª edición: noviembre de 2006

Traducción: *Julio Peradejordi*
Maquetación: *Marta Rovira*
Diseño de cubierta: *Enrique Iborra*

© 2006, René Laban
(Reservados todos los derechos)
© 2006, Ediciones Obelisco, S.L.
(Reservados los derechos para la presente edición)

Edita: Ediciones Obelisco S.L.
Pere IV, 78 (Edif. Pedro IV) 3.ª planta 5.ª puerta
08005 Barcelona-España
Tel. 93 309 85 25 – Fax 93 309 85 23
Paracas, 59 – Buenos Aires – C1275AFA República Argentina
Tel. (541 -14) 305 06 33
Fax (541 -14) 304 78 20
E-mail: obelisco@edicionesobelisco.com

ISBN: 84-9777-320-9
Depósito Legal: B-48.827-2006

Printed in Spain

Impreso en España en los talleres gráficos de Romanyà/Valls S.A.
Verdaguer, 1 – 08076 Capellades (Barcelona)

Presentación

«He sido elevado en el conocimiento de nuestros orígenes, gracias a la vez a la Tradición y a la Escritura.»

MANUSCRITO GRAHAM (1726)

«Si el Señor no construye la casa, en vano trabajan los albañiles.»

SALMOS CXXVII, 1

Los artículos que componen este libro fueron escritos en diferentes momentos y ocasiones, y la mayoría de ellos no estaban destinados a ser publicados. A pesar de que han sido revisados para la presente edición, hemos decidido conservar algunas repeticiones, dado que el libro no tiene por qué leerse del principio al fin, siendo más bien una obra de consulta. Puede leerse, pues, en cualquier orden, ya que no hay una trama en él. Solamente pretendemos ofrecer una visión, acaso un tanto personal, y sobre todo muy subjetiva, del apasionante simbolismo masónico.[1]

El universo masónico es extraordinariamente rico en simbolismo, el cual ha heredado no sólo de los antiguos constructores de catedrales, sino también del rosacrucianismo, la Cábala hebrea, los misterios griegos y la tradición pitagórica. Los símbolos más importantes que podemos hallar en el

---

1. El acervo simbólico masónico es casi infinito. Existen numerosos diccionarios y enciclopedias que el lector interesado puede consultar en caso de que desee profundizar en estos símbolos. Aquí sólo reunimos unas notas tomadas aquí y allá en el transcurso de estos veinticinco últimos años y el «color del cristal» que utilizamos es el de la Cábala.

acervo masónico fueron conocidos por muchas civilizaciones y son portadores de unos significados y unas potencialidades verdaderamente universales. De hecho, los símbolos masónicos son una expresión de símbolos universales y fundamentales, y persiguen el mismo objetivo que éstos: ayudar al buscador a acceder al Conocimiento, guiarlo por el Camino que conduce a él, como las piedras guiaron a Pulgarcito en el camino que conducía de vuelta a su hogar. Estos símbolos pertenecen a la Tradición Unánime y Primordial, y no pueden separarse de ésta. Si bien es cierto que podemos hablar de una «unidad trascendente»[2] en las religiones, en el caso de la masonería quizá sería más acertado hablar de una «rama» viva y actual del árbol de la Tradición. Los frutos que nos ofrece esta rama, como sugiere la etimología latina de la palabra «fruto», *fructus*, son «goce» y «placer» para el alma. Nosotros hemos dis*fruta*do de unos pocos, y es ese goce el que aspiramos a compartir en estas páginas.

Los símbolos masónicos, como todo símbolo verdadero, no son meras alegorías o meros convencionalismos; sino, siguiendo una feliz definición de «símbolo» que nos proporcionan Jaime Cobreros y Juli Peradejordi,[3] «un estímulo capaz de trasladar a quien lo recibe del plano de lo fenoménico y existencial al de lo absoluto e inamovible». Como escribía el autor guenoniano argentino Armando Asti Vera, «El símbolo es la forma

---

2. A pesar de que esta expresión nos parece una obviedad, y preferiríamos hablar de «unidad en la trascendencia».

3. En *A propósito del símbolo*, artículo que aparece a modo de prólogo en los diez volúmenes que componen la *Biblioteca de los Símbolos*, Ediciones Obelisco, Barcelona, 1991 y 1992.

más adecuada para transmitir significados no conceptuales. El símbolo es sintético; en cambio, el lenguaje corriente es analítico. Los símbolos no deben ser explicados, sino comprendidos».

Nosotros nos atreveríamos a ir más allá y proclamar que los símbolos no deben ser explicados, sino encarnados. Su mera comprensión intelectual no es suficiente para poder disfrutarlos. Como escribía Louis Cattiaux:[4]

> Por perfecta que pueda ser, la imagen de una
> flor no tiene perfume y la de un pan no sacia.

En este libro no pretendemos, pues, «explicar»[5] símbolos que son, por su misma naturaleza, inexplicables. Proponemos una reflexión que a veces pecará de personal pero que, esperamos, ayude al lector a acercarse por sí mismo a estos símbolos desde un ángulo que difícilmente encontrará en otras obras. Con todo, coincidimos con las palabras de Louis Cattiaux,[6] el cual afirmaba que:

> cuando comentemos una Escritura santa, un
> rito o un símbolo, añadamos para los oyentes
> y para nosotros mismos: «He aquí una de las
> numerosas interpretaciones de la verdad Una.
> Dios es el único dueño de la vestidura y de la
> desnudez».

---

4. Véase Louis Cattiaux, *El Mensaje Reencontrado*, Ed. Sirio, Málaga, 1978, libro XXVII, 25'.
5. De *ex* «afuera», y *plico*, «plegar».
6. Véase Louis Cattiaux, *op. cit.*, XV, 4.

Se ha comparado también el símbolo con la punta del iceberg, que no nos lo permite concebir completamente, pero que puede darnos alguna idea sobre él. No es una comparación a mi entender afortunada, pero comprendo que es útil para ayudar a entender que puede haber realidades ocultas de las que sólo vislumbramos un aspecto.

Son muchos los libros que se refieren al simbolismo masónico; sin duda se podrían contar por miles, y todos ellos contienen numerosos datos interesantes, pero la mayoría de ellos, sobre todo las obras modernas expuestas a la influencia del pensamiento positivista occidental, nos plantean una visión del símbolo totalmente desvinculada del simbolismo tradicional, lo cual constituye, al menos para nosotros, una verdadera amputación del símbolo y de su función trascendente.

Desgraciadamente, la masonería exterior, la de los ritos sin contenido, la de las conspiraciones, la de las intrigas palaciegas, ha eclipsado demasiado a menudo a la interior, la del espíritu, la del corazón. «A menudo –escribía René Guénon–,[7] se comete el error de no pensar más que en la masonería moderna, sin reflexionar en que ésta es simplemente el producto de una desviación.» Actualmente la mayor parte de los masones no saben por qué la masonería se llama «franc-masonería» y cuál es su fundamento más profundo. En el *Manuscrito Graham* (1726) podemos leer:

---

7. Véase *A propósito de los signos corporativos y su sentido original* en *Regnabit*, febrero de 1926.

—¿Por qué se llama franc-masonería?

—En primer lugar, porque ella es un libre don de Dios a los hijos de los hombres; en segundo lugar, porque está liberada de la intrusión de los espíritus infernales; y en tercer lugar, porque es la libre unión de los hermanos de ese santo secreto que debe subsistir para siempre.

Estas palabras deberían hacernos reflexionar: un libre don de Dios a los hijos de los hombres... Éste es el «secreto que debe subsistir para siempre», el secreto masónico, la Palabra Perdida.

* * *

En la tradición masónica y en la comprensión de sus símbolos hemos vivido una degeneración que muchos masones, contaminados por las ideas modernas antitradicionales, se resisten a admitir. Como ha ocurrido también en el dominio de lo religioso, lo profano ha ido ganando terreno a lo sagrado. Pero en el simbolismo masónico, todo, incluso el menor detalle, tiene sentido. Al profano los símbolos le pueden resultar inconexos o sin sentido precisamente porque los aborda desde el exterior. Como escribía René Guénon:[8]

---

8. Véase *A propósito de los signos corporativos y su sentido original* en *Regnabit*, febrero de 1926.

La masonería se sirve de símbolos de un carácter bastante diverso, al menos aparentemente, pero no es, como parece creerse, que se haya apropiado de los mismos para desviarlos de su verdadero sentido; los ha recibido, como las demás corporaciones (ya que en sus orígenes fue una de éstas), en una época en la que era muy distinta de aquello en lo que se ha convertido hoy en día, y los ha conservado, pero, desde hace ya mucho tiempo, ha dejado de comprenderlos.

Como también afirma este autor, sin duda el más importante a la hora de ahondar en el simbolismo masónico desde el punto de vista de la Tradición, «no hay muchos símbolos que puedan considerarse propia y exclusivamente "masónicos"».

Con todo, nos consta que aún quedan masones, sobre todo en Francia y Sudamérica, muchas veces alejados de la política y del mundanal ruido, que sí comprenden y trabajan el símbolo y que aún conocen y practican una masonería tradicional apoyándose, curiosamente, en la obra de Guénon. Sin duda, ellos serán los grandes protagonistas del renacer de la masonería en el siglo XXI.

¿Qué es el símbolo?

«Aquí todo es símbolo.»

RITUAL DE APRENDIZ

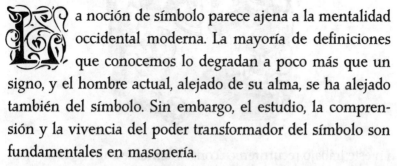 a noción de símbolo parece ajena a la mentalidad occidental moderna. La mayoría de definiciones que conocemos lo degradan a poco más que un signo, y el hombre actual, alejado de su alma, se ha alejado también del símbolo. Sin embargo, el estudio, la comprensión y la vivencia del poder transformador del símbolo son fundamentales en masonería.

Jean Boucher comienza su excelente obra sobre la simbólica masónica[1] explicándonos que «La palabra "símbolo" viene del griego *súmbolon*, signo de reconocimiento formado por dos mitades de un objeto quebrado que se juntan; por extensión, esta palabra significa una representación analógica relacionada con el objeto considerado».

La masonería es, ante todo, un camino de descubrimiento, de conocimiento del hombre, de su esencia. Este camino no se puede plantear sin recurrir al símbolo. Apropiándonos de la conocida definición de Georges Gurvitch –«los símbo-

---

1. Véase Jean Boucher, *La Symbolique Maçonnique*, Éd. Dervy Livres, París, 1979.

los revelan velando y velan revelando»–, señalaremos que una de las funciones del símbolo es hacer de puente entre dos mundos, de conjugar dos contrarios: lo conocido y lo desconocido, lo manifiesto y lo inmanifiesto.

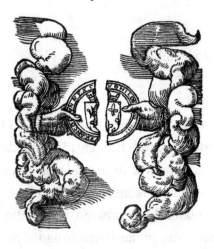

En este trabajo recurriremos constantemente a un recurso cabalístico denominado «Guematria» que también nos ayudará a relacionar lo visible con lo invisible, lo conocido con lo desconocido. La similitud fonética entre esta palabra y el término «geometría» ha hecho que a veces se confundan; sin embargo pertenecen a tradiciones distintas y aluden a cuestiones diferentes. Con todo, el conocimiento de la guematria puede arrojar luz sobre el sentido profundo e iniciático de la geometría. Confundir la Geometría, Arte Sagrado, con mayúscula, con la geometría vulgar, sería un error. Euclides, que aparece en el manuscrito *Regius* como el «padre» de la geometría, sería una suerte de eslabón que une la cadena entre la antigua sabiduría egipcia y la moderna masonería. En *La Antigua Constitución de los Libres y Aceptados Masones* podemos leer:

Además cuando Abraham y Sarah su esposa, fueron a Egipto, y allí enseñaron las Siete Ciencias a los egipcios, él tuvo un Digno Alumno cuyo nombre era Euclides y él aprendió muy bien y se convirtió en un Gran Maestro de las Siete Ciencias.

Es más, en el *Manuscrito Dowland* se nos enseña que la ciencia que Euclides llamó «geometría», «ahora se llama por todo el reino masonería».

Vemos, pues, que, para la tradición masónica, Euclides «recibió» la ciencia de la geometría del mismísimo Abraham en Egipto. El padre de la geometría relacionado con el padre de la guematria...[2] Si nos ponemos a calcular fechas, es obvio que es imposible que así fuera, pues las vidas de estos dos grandes sabios están separadas por siglos. Como todo en masonería, ha de entenderse desde otro punto de vista, desde otra profundidad: desde el símbolo. Abraham simboliza, como su maestro Melkitsedek, la Tradición Primordial; Egipto es el mundo caído, etc.

---

2. Los estudiosos modernos consideran la guematria posterior a la redacción de la Biblia, entre otras cosas porque ignoran que el texto bíblico juega con ella en numerosísimas ocasiones. Sin duda la guematria más conocida, y que se suele utilizar como argumento de que en el texto bíblico sí hay guematrias, la encontramos precisamente cuando Abraham envía a su criado Eliezer a rescatar a su sobrino Lot. El texto dice que envía a 318 sirvientes, pero si leemos cuidadosamente la *Torah* vemos que Abraham no tiene ni por asomo tantos sirvientes. ¿Qué ha ocurrido? ¡Que la guematria de Eliezer es 318!

Se considera en masonería que la geometría es la más elevada de las artes liberales y, de hecho, el trabajo del constructor se apoya en todo momento en la geometría. Sin embargo, cuando se habla de geometría podemos entender, recurriendo al lenguaje de los pájaros o cábala fonética, que se está haciendo alusión a la guematria.

Existen distintos sistemas guemátricos, algunos sumamente complejos. El más sencillo es aquel que considera el valor numérico de cada letra del alfabeto.[3] La guematria es «el cálculo de la equivalencia numérica de las letras, palabras o frases, y sobre esta base lograr un aumento de la comprensión de la interrelación entre los diferentes conceptos y explorar la relación entre palabras e ideas», nos enseña un cabalista moderno, el Rabbí Ginsburgh.

Geometría deriva de la raíz griega *ge*, de donde procede *Gea*, «la Tierra», y de *meter*, «medida», de donde procede «metro». Como decía Platón:

> La geometría es un método para dirigir al alma
> hacia el ser eterno...

En esto coincide plenamente con el objetivo de la masonería. El Talmud de Babilonia, suma enciclopédica del saber sagrado y profano de los judíos, nos enseña en el tratado de *Berajoth* (55 a) que «Betsalel sabía cómo combinar

---

3. En el alfabeto hebreo las letras son números. Así la *Alef*, correspondiente a nuestra «a» es el 1; la *Beth*, correspondiente a nuestra «b» es el 2, y así sucesivamente.

las letras con las que fueron creados los Cielos y la Tierra».
Más tarde volveremos sobre el tema de Betsalel, el artífice
del Arca de la Alianza. Señalemos únicamente de momento que el cabalista sabe trabajar con las palabras y con los
números-principios que éstas albergan, del mismo modo
que el masón sabe trabajar con las piedras.

El Arca de la Alianza

Si bien en el cristianismo se produjo alguna vez un cierto
acercamiento, sobre todo por parte de los Padres de la
Iglesia, al verdadero sentido del símbolo y al simbolismo
numérico,[4] dudamos que en la actualidad sea así. Con todo,
el Abbé Auber, en su obra *Histoire et Théorie du Symbolisme reli-*

---

4. Existe, efectivamente, toda una guematria apoyada en el idioma
   griego, a la que recurren a veces los Padres de la Iglesia.

gieux (1884),[5] nos proporciona una pista que puede ayudarnos a comprender qué evoca, en última instancia, el símbolo. Este erudito, en su aplicación del simbolismo a las Santas Escrituras, distingue cuatro sentidos que pueden relacionarse con el símbolo en general: el sentido literal, el alegórico, el moral o tropológico y, finalmente, el anagógico.

Nos encontramos con esta concepción de cuatro niveles en el símbolo en unos versos atribuidos a Nicolás de Lira, pero cuyo auténtico autor fue un desconocido monje dominicano llamado Agustín de Dacia:[6]

> *Littera gesta docet, quid credas allegoria,*
> *Morales quid agas, quo tendas anagogia.*

Que podemos traducir como «La letra que tomas por una alegoría enseña las cosas reveladas. Las normas morales que sigues, te hacen perseverar en el razonamiento».

A pesar de la riqueza de los comentarios que nos han dejado los Padres de la Iglesia relacionados con estos cuatro sentidos, su conexión con el símbolo sólo podemos vislumbrarla recurriendo a la Cábala hebrea, donde realmente nace la idea de los «cuatro sentidos». Para ello hemos de referirnos a dos temas esenciales: el misterio del *Pardes* (פרדס) y el misterio del Nombre de Dios inefable (יהוה), el Tetragrama. Tanto

---

5. Citado por Jean Boucher, *op. cit.*, pág. XV.
6. Citado por Henri de Lubac, en su *Exégèse Médiévale*, París, 1959, obra imprescindible en la que dedica aproximadamente 1.500 páginas al tema de los cuatro sentidos.

El *Sefer haPardes*,
obra cabalística sobre el misterio del *Pardes*
(Constantinopla, 1802)

el uno como el otro requerirían de un libro completo para ser planteados con la profundidad que les haría justicia. Nos limitaremos a resumirlos lo mejor que sepamos.

II

El nombre inefable de Dios

«Que este nombre esté ante
vosotros y lo unifiquéis.»

RABBÍ DE VIDAS

 eemos en el Talmud de Babilonia:[1]

> Rabbí Irmia solía sentarse frente a Rabbí
> Jia bar Aba. En cierta ocasión observó que
> Rabbí Irmia prolongaba mucho la palabra
> «uno».

Se trata de una alusión a la palabra *Ejad*, «uno», la última de
la oración *Shemah Israel*, la más importante del judaísmo. La
última letra de esta palabra que evoca la
unidad es la letra *Dalet*, cuyo valor numérico es 4. El Talmud sostiene, en esta misma
página, que a «todo el que prolonga *la pro-
nunciación* en *la palabra "uno" del Shemah* le
son prolongados sus días y sus años».

El texto talmúdico continúa: «Una vez que *prolongaste y* pro-
clamaste *en tu corazón* al Eterno en los Cielos y en la Tierra y
en los cuatro puntos cardinales, ya no es necesario *continuar*».

---

1. Tratado *Berajot*, 13 b.

La palabra «uno», en hebreo *Ejad*, alude a la Unicidad de Dios, representada por el Nombre sagrado de cuatro letras, IHWH (יהוה).[2] Según la cábala luriana, a raíz del exilio de Adán, este nombre se escindió en dos partes, IH, que quedó en el Cielo y WH, que cayó a la Tierra. «Proclamar al Eterno (IHWH) en los Cielos y la Tierra» es operar la reunión de IH y WH, (יה) y (וה).

El gran cabalista Jaim Vital, discípulo y divulgador de Isaac Luria, escribió:[3]

> Mi maestro también me enseñó una meditación que puede utilizarse con [cualquier práctica como] la caridad o la oración. [Consiste en meditar en el Tetragramaton IHWH y] en la unión del nombre IH que está separado de WH.

De hecho, IH y WH son las dos partes del símbolo por excelencia.

---

2. Hemos de relacionar el Tetragrama hebreo con el Nombre de Dios *Allah*, compuesto también por cuatro letras. Como escribe René Guénon, «En efecto, simbólicamente, las cuatro letras que forman en árabe el nombre de *Allah* equivalen respectivamente a la regla, a la escuadra, al compás y al círculo, este último siendo reemplazado por el triángulo en la Masonería de simbolismo exclusivamente rectilíneo».
3. Citado por Federico González y Mireia Valls en *Presencia viva de la Cábala*, Zaragoza, 2006, pág. 280.

En el texto de la oración del *Shemah Israel,* las letras *Ain* (ע) de *Shemah* y *Dalet* (ד) de *Ejad* forman la palabra *Ed* (עד), que significa «testigo». ¿Testigo de qué? Testigo de IHWH, o sea, del Nombre unificado.

Es cierto que existe un movimiento cristiano que se auto-denomina «Testigos de Jehová», pero si bien la expresión se refiere a quienes han realizado la unificación del Nombre, desgraciadamente los adeptos a este movimiento no tienen ni la más remota idea de estos misterios.

De nuevo va a ser la Cábala quien nos demuestre que *Ed* (עד) corresponde al Nombre unificado. La guematria ordinal inversa de Ed (עד) es 26, la misma que la de IHWH (יהוה).

Las letras IH (יה) las podemos encontrar en la mano derecha del grabado cabalístico que reproducimos (pág. 22), y las letras WH (וה) en la mano izquierda. Uniendo ambas manos se opera simbólicamente la reunión del Nombre. Esto es lo que ocurre cuando se juntan las manos en la oración, un gesto simbólico en el que muy pocos han reparado.

Los cuatro puntos cardinales aluden a estas cuatro letras. Según el cabalista Rabbí Salomón Idelach (1560-1631), también se refieren a la figura cúbica, imagen que reencontramos en el simbolismo masónico de la piedra cúbica.

Estas cuatro letras coinciden con las cuatro letras de la palabra *Pardes* (פרדס), «paraíso».

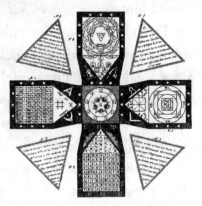

LA PIEDRA CÚBICA

Nos cuenta el Talmud (*Jaguigah* 14b) que, en el siglo II, cuatro grandes profesores se consagraron al estudio esotérico de la *Torah* logrando entrar en el Paraíso, o sea penetrando sus secretos. Se trataba de Rabbí Akiba, Rabbí ben Soma, Rabbí ben Assai y Ajer. Uno de ellos vio y murió; otro vio y se volvió loco; otro vio y se hizo apóstata; sólo Rabí Akiba entró sano y salió sano.

El sentido de la palabra *Pardes* requiere un breve comentario. Está formada por cuatro letras: *Pe, Resch, Daleth y Samej*. *Pe* corresponde a *Peshat*, el sentido literal, el evidente; *Resh* a *Remes*, el sentido alegórico; el simbólico *Daleth* a *Derasha*, la interpretación talmúdica, más profunda y *Samej* a *Sod*, el sentido secreto, el más interior de todos. El *Pardes* al que accedieron los cuatro profesores se interpretó, pues, como la especulación sobre el verdadero sentido de la *Torah* en sus cuatro interpretaciones.

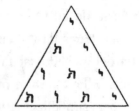

La relación entre este relato y los cuatro sentidos es obvia; los tres primeros nos permiten, efectivamente, «entrar» en el texto sagrado, pero no salimos de él indemnes. Únicamente el sentido secreto, el *Sod*, permite «entrar sano y salir sano». Para el cabalista Jaim Vital, los cuatro sentidos corresponden a los cuatro estadios del proceso que ha de realizar el alma. Vital escribió que «aquel que no haya realizado todo este trabajo deberá reencarnarse».

También podríamos relacionar a los cuatro profesores con los cuatro hijos de los que nos habla la *Hagadah de Pesaj*: el sabio, el malvado, el simple y el que aún no sabe preguntar.

De alguna manera, entroncando con el simbolismo masónico, podríamos decir que el *Pardes* es el Templo. El hecho de

הֶחָכָל יָמֶיחַיֶּךָ לְהָכִיא לִימוֹת הַמָּשִׁיחַ

בָּרוּךְ הַמָּקוֹם שֶׁנָּתַן תּוֹרָה לְיִשְׂרָאֵל

בָּרוּךְ הוּא כְּנֶגֶד אַרְבָּעָה בָנִים

דִּבְּרָה תוֹרָה אֶחָד חַכָם וְאֶחָד רָשָׁע וְאֶחָד

תָּם וְאֶחָד שֶׁאֵינוֹ יוֹדֵעַ לִשְׁאָל :

חַכָם מַהוּ אוֹמֵר מָה הָעֵדוֹת וְהַחֻקִּים

וְהַמִּשְׁפָּטִים אֲשֶׁר צִוָּה יְיָ

אֱלֹהֵינוּ אֶתְכֶם אַף

Página de una *Hagadah de Pesaj* impresa en España o Portugal
a principios del siglo XVI

que sólo un sabio pueda entrar y salir del *Pardes* o del Templo no quiere decir que únicamente una persona pueda hacerlo, sino que sólo puede lograrlo aquel que se ha convertido en Uno, que ha realizado en sí la Unidad; en cierto modo, como el símbolo, es una unidad que trasciende a una dualidad.

Esta Unidad está representada en la Cábala por la letra *Alef* (א), que los cabalistas consideran compuesta por una letra *Iod,* (׳) arriba a la derecha, unida a otra *Iod* (·) invertida abajo a la izquierda por una letra *Vav* (ו) ligeramente inclinada.

Si sumamos el valor numérico de dos *Iod* (10 + 10) al de la letra *Vav* (6), obtenemos 26, que es precisamente el valor numérico de IHVH (*Iod* = 10, *He* = 5, *Vav* = 6 y *He* = 5).

Los símbolos masónicos

«La masonería es lo que sus
símbolos y su ritos revelan.»

os primeros símbolos con los que se encontrará
un masón son, lógicamente, los del grado de
aprendiz. Ello les otorga, hablando en términos
simbólicos, una función primordial. Dado que un masón
toda su vida es un aprendiz, los símbolos de este grado serán
objeto de estudio durante toda su vida. Se ha dicho que el
grado de aprendiz contiene en potencia a todos los demás
grados; desde el punto de vista simbólico, el primer aprendiz
masón fue Adán que, al decir de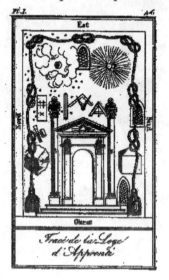
la Cábala, contenía en su alma las
almas de todos los demás hombres, hasta el fin de los tiempos. Si
el primer masón fue Adán, podemos concluir que esto implica
que quien realiza el trabajo masónico es Adán en nosotros, o,
dicho de otro modo, el hombre
interior. Este viejo Adán no debe
ser «ahogado», como opinaba
Lutero, sino liberado de su pri-

sión. Los símbolos, los ritos y la práctica masónicos le enseñan a salir de esta prisión. Estos símbolos son tan numerosos y su riqueza tan grande, que difícilmente sus significados podrían agotarse. Nos limitaremos, pues, a analizar los más importantes.

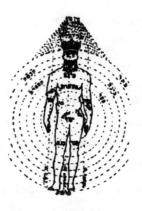

El viejo Adán

IV

La acacia

 a flor de la acacia, un motivo simbólico que por su belleza y su delicadeza podemos encontrar en diversas tradiciones, es uno de los símbolos del Conocimiento masónico y de la pertenencia a la Orden.

Sin embargo, si no nos contentamos con las definiciones de diccionario y deseamos profundizar más en él, hemos de ver a la acacia como un símbolo de la vida eterna, de la resurrección, con todo lo que ello comporta. La madera de la acacia, una madera de gran calidad que los antiguos consideraban imputrescible, simboliza la inmortalidad, y su flor representa el renacimiento y la resurrección. Sus espinas, como también ocurre con las espinas de la rosa, evocan las dificultades y los obstáculos[1] para alcanzarlos. Para los antiguos, ésta era una planta solar, y su color amarillo nos recuerda a la luz del Sol.[2] Así, el dios egipcio Horus, hijo de Isis y

---

1. Curiosamente, la palabra que quiere decir «obstáculo» en hebreo, *Satán*, también quiere decir «enemigo». Por su parte «espina» en sánscrito es *kantaka*, que además quiere decir «enemigo».
2. Se dice que las espinas de la corona de Cristo eran de acacia, lo cual refuerza el sentido solar y luminoso del símbolo.

Osiris, el Sol que renace cada día, habría nacido bajo una acacia: de nuevo una alusión al renacimiento y a la resurrección.

En sánscrito la acacia se llamaba *khadira* o *sami*. Curiosamente, se dice que el dios Agni se oculta en esta planta y por esta razón se hace salir de ella el fuego sagrado friccionándola. La raíz *sam* significa «bendición».

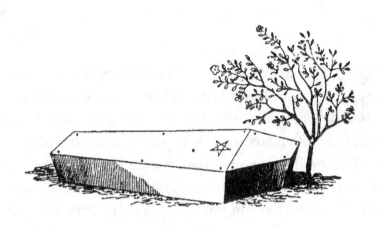

Otro sentido que se le da a la acacia es el de «inocencia»; sin duda al asociar la palabra «acacia» con el término griego *akakia*, «ingenuidad, inocencia». Maurice Pillard-Verneuil, en su *Diccionario de Símbolos, Emblemas y Alegorías*,[3] adjudica a la acacia la amistad, la elegancia y el amor platónico. Sin embargo, la etimología más probable de «acacia» es la que, a causa de sus espinas, la hace derivar de la antigua raíz *ac*, «que pica», «en punta», de donde provienen términos como «ácido», «acritud» e incluso «agudo», «ácido» o «acero».

---

3. Véase Maurice Pillard-Verneuil, *Diccionario de Símbolos, Emblemas y Alegorías*, Ediciones Obelisco, Barcelona, 1999, pág. 12.

La primera alusión que encontramos a la acacia se encuentra en la leyenda masónica que nos explica que los maestros que fueron en busca del cadáver de Hiram encontraron una rama de acacia en el cerro donde estaba enterrado.

Como escribe el doctor Oliver:

cuando el maestro masón exclama: «mi nombre es acacia», es equivalente a decir: «he estado en el sepulcro, he triunfado sobre él alzándome de entre los muertos, y siendo regenerado en el proceso…».

La acacia, en hebreo *Shitah* (שׂטה) o, mejor dicho, «las acacias», *Shitim* (שׂטים), de un verbo que significa «engañar, burlarse, mofarse», aparecerá varias veces en el texto bíblico. Cuando en el texto de *Éxodo* XXXVII, 1 leemos: «E hizo Betsalel el arca de maderas de acacia» (עצי שׂטים), no podemos dejar de pensar que en el Egipto antiguo, en algunas procesiones, se llevaba un arca santa de la que salía una acacia, en la que se podía leer «Osiris surge de nuevo». Se trataba de una representación de la vida eterna simbolizada por el grano que muere para renacer.

La relación entre *Shitah* (שׂטה) y *Satán* (שׂטן), que, como hemos visto, significa «obstáculo», no ha sido, hasta donde sabemos, estudiada. Estas dos palabras comparten la raíz *St* (שׂת), que significa «pecador», «rebelado», «aberración». *Shatah* (שׂטה) es «desviarse» y *Satán* (שׂטן) es el acusador, el adversario.

V

Babel y los misterios de la letra B

no de los temas más apasionantes del esoterismo hebreo es el de la torre de Babel y la confusión de los idiomas. Recordemos que *Génesis* XI, 1 nos explica que en aquel entonces «toda la Tierra tenía un mismo idioma y un mismo propósito». Sin embargo, los hombres no están contentos y deciden fabricar ladrillos y construirse una torre que alcance el cielo:

> Vamos, edifiquemos una ciudad y una torre
> que llegue hasta el cielo, y hagámonos un
> nombre, para que no nos dispersemos por toda
> la Tierra. (*Génesis* XI, 4)

El relato bíblico de la torre de Babel, indispensable para comprender varios de los símbolos masónicos, resulta incomprensible si no recurrimos a los comentarios de los cabalistas. Como escribe Oswald Wirth en *El ideal iniciático* (1927):[1]

---

1. Véase Oswald Wirth, L' *ideal initiatique*, París, 1927, cap. I.

Alegóricamente la franc-masonería aspiraba a remediar la confusión de los idiomas que dispersó a los constructores de la torre de Babel. Su objeto era formar masones capaces de comprenderse de un polo a otro para edificar un Templo único al que vendrían a confraternizar sabios de todas las naciones.

En el *Manuscrito Graham* (1726) podemos leer:

> Pero, ¿cómo fue posible que los trabajos de los babilonios fueran erigidos antes de que el evangelio comenzara a brillar?
> –Yo os respondo devolviéndoos vuestra propia pregunta, porque la presunción de los babilonios de los que acabo de hablar había ofendido de tal modo al espíritu de Dios que las lenguas dejaron de ser comprendidas por su pecado, a fin de que la humanidad no volviera jamás a actuar así sin el permiso divino, que quiere que nada pueda hacerse sin fe ni oración.

Como se preguntaba el erudito Claude-Sosthène Grasset d'Orcet, a propósito de esa aspiración humana hacia la lengua original anterior a la torre de Babel, «¿Es éste el verdadero sentido de la búsqueda de un *Verbum Dimissum*, de la palabra abandonada llamada Palabra Perdida?».

El texto de *Génesis* decía muy claramente «hagámonos un nombre» después de «edifiquemos una ciudad y una torre», por lo que es obvio que el acto constructivo está, por decirlo de algún modo, en paralelo al de «hacer» un nombre. ¿Cuál es este nombre? La palabra utilizada, *Shem* (שם), tiene una guematria de 340; es tanto la de *Shem* (שם) como la de *Sefer* (ספר), «libro».

El simbolismo del libro es de hecho el del Nombre, desarrollado. Sabemos que tanto *edificar* como *editar* (ambas palabras derivan de *aedes*, «edificio, construcción») son, simbólicamente, lo mismo. Pero *Shem* (שם) tiene una guematria *atbash* de 12, la misma que la de *Ze* (זה) «éste», un motivo recurrente en la Cábala cuando se comenta el célebre pasaje que dice «éste es el libro de las generaciones de Adán...» (*Génesis* V, 1). El comentario clásico de los cabalistas es que *Ze* (זה), «éste», de guematria 12, se refiere a las 12 tribus de Israel. Cuando Rabbí Akiva dice: «Éste (*Ze*) es un gran precepto en la *Torah*» (*ze clal gadol ba Torah*), se está refiriendo a este mismo misterio que los hombres de Babel intentaron alcanzar de un modo forzado y externo. La expresión, si no profana, al menos exterior de este *clal gadol*, es el conocido «amarás a tu prójimo como a ti mismo». De algún modo contiene los restantes diez mandamientos pues *Rea* (רע), «prójimo», de guematria 270, tiene una guematria *atbash* de 10.

En la tradición judía se conoce al rey Nimrod, el que impulsó la construcción de la torre de Babel, como «el infame Nimrod».[2]

---

2. San Jerónimo, en su *Libro de los Nombres Hebreos* (Ediciones Obelisco, Barcelona, 2002), define a Nemrod como «tirano, prófugo o transgresor». Los escritos rabínicos hacen derivar el nombre *Nimrod* del verbo hebreo *marâdh*, que significa «rebelarse», por lo que el Talmud de Babilonia, en el tratado *Eruvín* 53a, dice: «Entonces, ¿por qué se le llamó Nemrod? Porque incitó al mundo entero a rebelarse (*himrid*) contra Su soberanía [la de Dios]».

Este rey tenía tres nombres: *Kush* (o Cusí), como su padre, «por su tez negra»,[3] Amrafel[4] y Nimrod.

Curiosamente, Nimrod «era muy suelto de lengua», lo cual lo coloca de algún modo en los antípodas de Moisés, que no era «hombre de palabras».[5] De algún modo son respectivamente los arquetipos del mago negro y el profeta. El impulsor de la torre de Babel fue también el primer carnívoro de la historia. Curiosamente, la guematria de Nimrod (נמרוד), 300, coincide con la de *Arel* (ערל), «incircunciso».

El profeta

La exégesis tradicional nos provee de varias explicaciones acerca de la construcción de la famosa torre. La más conocida es que la pecadora generación de Nimrod temía que Dios enviara un nuevo diluvio, por lo que decidieron construir una torre «que llegara a los Cielos».

Un detalle muy importante desde el punto de vista masónico a la hora de analizar esta leyenda es que «no había piedras en Babel» y tuvieron que fabricar ladrillos para construir la torre. Desde el punto de vista cabalístico, el ladrillo es un símbolo de la esclavitud, y nos lleva a la época del exilio egipcio en que los judíos eran obligados a fabricar ladrillos

---

3. *Cusí* significa en hebreo «moreno, negro». «El país de Cus» era Etiopía.
4. Nombre del rey de Shinar que, según la tradición, hizo arrojar a Abraham a un horno ardiente.
5. Véase *Éxodo* IV, 10.

para los egipcios. Si la piedra es obra de Dios,[6] el ladrillo es obra del hombre.

El *Midrash* nos explica que, de repente, la gente se encontró hablando 70 idiomas diferentes. El paso del uno, representado por la letra *Alef* (א), al setenta, representado por la *Ayin* (ע), corresponde siempre a una caída.[7] También merece señalarse que la palabra *Babah* (בבה), que comparte dos letras con Babel, significa «ojo», igual que *Ayin* (ע).

Por otra parte, la diferencia entre 70 y 1, el famoso número 69, no es únicamente como se cree en la actualidad, manifestando un notable desconocimiento de la numerología tradicional, un número «erótico», sino una alusión al mirto (הדס), que com-

---

6. El mismo Dios es comparado en más de una ocasión con la piedra o con la roca en el texto bíblico.
7. Esto lo vemos, por ejemplo en la exégesis tradicional de Or (עור), «piel» por contraposición a Or (אור), «luz» de *Génesis* III-21. Recordemos también que son setenta las almas que descienden a Egipto o que el exilio babilónico duró setenta años.

Ora
Lege Lege Lege Relege labora
et Invenies.

parte esta misma guematria con *haSovev,* (הסבב), «el que da vueltas», aludiendo a la costumbre cabalística de dar vueltas en torno a la mesa de *Shabat* con ramas de mirto en la mano. En *haSovev* (הסבב) nos encontramos con *Babah* (בבה), a la que se ha añadido la letra *Samej* (ס), la cuarta letra de *Pardes* (פרדס), «Paraíso», que representa al *Sod* (סוד), el secreto. El sentido cabalístico es que hay que «dar vueltas» para encontrar el secreto, tal como nos enseña el Talmud en el tratado de *Avoth* (V, 25), donde podemos leer: «Ben Bag-Bag dijo: dale vueltas y dale vueltas porque todo está en ella». Es de interés añadir que esta frase también ha sido traducida como «Ben Bag-Bag dice: léela y reléela porque todo está en ella», que los masones conocen bien, pues coincide con el famoso *Ora, lege, lege, lege, relege, labora et invenies* («Ora, lee, lee, lee, relee, trabaja y encontrarás»), que aparece en la decimocuarta plancha del *Mutus Liber.*

VI

Las tres B

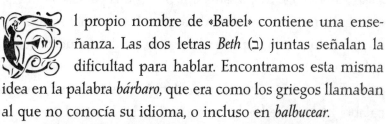l propio nombre de «Babel» contiene una ense-
ñanza. Las dos letras *Beth* (ב) juntas señalan la
dificultad para hablar. Encontramos esta misma
idea en la palabra *bárbaro*, que era como los griegos llamaban
al que no conocía su idioma, o incluso en *balbucear*.

Sabemos que, en la Edad Media, en las sociedades secretas
no podían ingresar las personas que presentaban uno de tres
defectos determinados, que recibían el nombre de *las tres B.* Eran,
en francés, *bègue*, «tartamudo», *borgne*, «tuerto» y *boiteux*, «cojo». No
eran dignos de entrar en el Templo, un símbolo del mundo por
venir, porque lo imperfecto no puede asumir la perfección.
Cabalísticamente, estos tres defectos están relacionados con el
diablo, Satán, un espíritu *torcido*, incapaz de engendrar. A un
nivel simbólico podemos afirmar que el diablo es *tuerto* porque
está *tullido*, porque es cojo. La tradición hebrea afirma que antes
de la caída de Adán, la serpiente tenía patas, pero a raíz de su
desobediencia las perdió. Por eso Dios la maldice diciéndole
que «se arrastrará sobre su pecho» (*Génesis* III, 14). Es curioso
observar que el valor en guematria de *Reguel*, «pie, pata», 233, es
el mismo que el de *Tzajar*, «recuerdo», «macho». La pérdida de las

patas por parte de la serpiente implicaría una pérdida de la masculinidad. Tanto el ojo (el problema del tuerto) como el pie (el problema del cojo) son dos conocidos eufemismos del sexo, de la fuerza generadora, y en cierto modo lo simbolizan, pero ¿qué tiene que ver todo esto con la tartamudez?

Tartamudo o tartajoso procede del bajo latín taratara. Esta palabra pertenece a la misma familia etimológica que tortus, «tuerto». Podemos relacionar «tartamudo» con Tartarus, «infierno» y mutus, «mudo». De esta misma raíz procede la palabra «tortuga», que derivaría de tartaruchus, «demonio». Este animal se relacionó con Saturno, que, aparte de ser cojo, perdió su fuerza generadora al serle cortados los genitales por su hijo Urano. Por su parte, Covarrubias hace derivar «tartajoso» de tar tar, como la palabra bárbaro de bar bar, por usar mucho la letra T.[1]

La letra T latina correspondería en hebreo a dos letras, la Taf, que significa «signo, señal» y a la letra Teth (ט), de guematría 8, que, por su forma, tenía un significado arcaico de «serpiente».

La Teth es una letra que presenta una grafía «retorcida». De alguna manera se parece a un útero que esconde en su interior algo muy bueno, simbolizado por la letra Iod (י). En un delicioso pasaje del Zohar, esta letra se presenta ante Dios para pedirle que comience la creación

1. Véase Sebastián de Covarrubias, Tesoro de la Lengua Castellana o Española, Ed. Altafulla, Barcelona 1993, pág. 955.

por ella, pero es rechazada precisamente por eso, porque lo «bueno» que contiene «está disimulado en su seno».[2]

Hemos visto que el diablo es tuerto y tartamudo y tullido. Estas tres «tes» corresponden, como nos descubre Covarrubias, a las famosas tres «bes», que impedían a quien estuviera afectado de alguna de ellas iniciarse en las sociedades secretas.

Notablemente, en hebreo «tartamudo» se dice *Gamgam* (גמגם), palabra que podemos relacionar con *Gamal* (גמל), que quiere decir «camello». Sabemos, por el *Midrash*, que la serpiente que engañó a Eva tenía la apariencia de un camello.

2. Zohar I, 3 a.

VII

Betsalel o los secretos de la masonería

n el *Manuscrito Graham* (1726) aparece la historia de Betsalel, el constructor del Templo, al que llama Bazalliell, y al que define como «el mejor de los masones», pues conocía «la parte teórica y la práctica de la masonería». Betsalel es un nombre muy misterioso que significa «a la sombra del Altísimo». La palabra «sombra», *Tsel* (צל), tiene una guematria de 120, número recurrente en los escritos de los cabalistas, que coincide con los años que vivió Moisés, con los que Noé tardó en construir el arca o con el número de salmos que, según el *Midrash*, (*Vaiqra Rabbah* IV, 7), escribió el rey David.[1]

---

1. En las biblias cristianas encontramos, sin embargo, 150 salmos.

Comentando el famoso dicho del *Libro del Eclesiastés* que sostiene que «más vale el buen nombre que el aceite perfumado»,[2] el *Midrash* (*Shemoth Rabbah* XLVIII, 1) lo asocia con Betsalel. De alguna manera, el buen nombre alude a la Palabra Perdida.

El texto del *Manuscrito Graham* dice así:

> Cuando reinaba el rey Alboyne nació Bazalliell, que fue llamado así por Dios antes de su concepción. Este hombre santo sabía por inspiración que los títulos secretos y los símbolos primitivos del principio divino tenían el poder de proteger, y construyó de tal manera que ningún espíritu infernal de destrucción osó quebrantar la obra de sus manos. Así que sus obras se hicieron tan famosas que los dos hermanos más jóvenes del rey del que se acaba de hablar desearon ser instruidos por él en la noble ciencia que él dominaba. A ello consintió a condición de que no la revelaran (oralmente) sin unir (para ello) sus propias voces a la de un tercero. Prestaron juramento y él les enseñó la parte teórica y la parte práctica de la masonería. Después hicieron su obra. En esta época, los salarios de los masones aumentaron en este reino; se veía entonces a los masones en compañía de reyes y príncipes. Pero cuando la hora de su muerte estaba cerca, Bazalliell deseó que se le enterrara en el valle de

---

2. Hay aquí un curioso juego de palabras, harto explotado por los cabalistas, entre *Shem* (שם), «nombre» y *Shemen* (שמן), «aceite».

Josaphat, y que sobre (su tumba) se grabara una inscripción conforme a su mérito, lo cual realizaron ambos príncipes. Esta (inscripción) estaba (formulada) como sigue:

> Aquí yace la flor de la masonería, que, superior a muchos otros, fue el compañero de un rey y el hermano de dos príncipes. Aquí yace el corazón que podía albergar todos los secretos. Aquí yace la lengua que jamás reveló ninguno.

Tras su muerte, los habitantes del lugar pensaron que, con él, los secretos de la masonería se habían perdido totalmente, pues ya no oían hablar de ellos, y nadie conocía los secretos excepto esos dos príncipes, y durante su recepción habían jurado no revelarlos si no unían sus voces a la de un tercero. Precisamente por ello debe creerse y también comprenderse que un secreto tan santo no podía jamás perderse mientras quedara vivo sobre la Tierra un buen servidor de Dios. Pues todo buen servidor de Dios siempre tiene y tendrá una gran parte en este santo secreto, aunque los demás ignoren dicho secreto, así como los medios que deben usarse.

Observemos que el texto nos dice que «Tras su muerte, los habitantes del lugar pensaron que, con él, los secretos de la masonería se habían perdido totalmente». ¿En qué consisten estos secretos? ¿Son los secretos de la construcción, o son algo más? Es difícil pensar que aquí se esté aludiendo a meros secretos gremiales relativos a la construcción de casas y edificios. Los secretos que conocía Betsalel son de otra naturaleza. Como nos descubre la exégesis hebrea, los secretos que conocía Betsalel son lo que los cabalistas conocen como «guematria». «Betsalel sabía cómo combinar las letras con las que fueron creados los cielos y la tierra», leemos en el Talmud de Babilonia, *Berajoth* (55 a). No nos hallamos, pues, ante secretos gremiales, sino ante los secretos de la Palabra Perdida, el *Verbum Dimissum*, ante el secreto mismo de los masones.

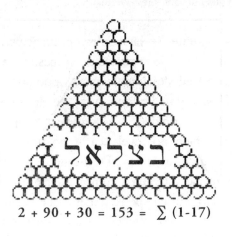

$$2 + 90 + 30 = 153 = \sum (1\text{-}17)$$

El mismo nombre de Betsalel contiene ya, para los cabalistas, profundos misterios numerológicos. La guematria de Betsalel (בצלאל) es 153, la misma que la de «la Pascua» (הפסה), y 153 es lo que se conoce como un «número secreto». Es el número secreto de 17, una de las cifras más importantes de la Cábala, pues es el valor numérico de *Tov* (טב), «bien». Si sumamos 1 a 2, luego a 3, luego a 4, y así hasta llegar al 17, el resultado es 153. Este importante y misterioso número lo encontraremos también en los evangelios en el episodio de la pesca milagrosa:

Subió Simón Pedro y arrastró la red a tierra, llena de ciento cincuenta y tres peces grandes, y con ser tantos, no se rompió la red. (Juan XXI, 11)

Destaquemos que la palabra «pez» aparece exactamente 17 veces en los evangelios.

VIII

Boaz y Jachin, o las dos columnas

as dos columnas son lo que separa la logia de los Pasos Perdidos, o sea del mundo profano, algo así como las columnas de Hércules[1] separaban el mundo conocido del desconocido, el llamado «mar de Adentro» del «mar de Afuera». En lo que se refiere a las dos columnas o pilares del Templo de Salomón, el historiador Josefo[2] las describe así:

> Además, este Hiram hizo dos pilares huecos, cuya parte externa era de latón, y el grosor del latón era de cuatro dedos de ancho, y la altura de los pilares era de dieciocho codos, y la circunferencia, de doce. Y encima de cada capitel descansaba un lirio de metal fundido, elevándose hasta una altura de cinco codos, a cuyo alrede-

---

1. Tenemos aquí la misma idea de dualidad que en el arcano VI del Tarot de Marsella, que Guénon (*Símbolos fundamentales de la Ciencia Sagrada*, pág. 212) relacionaba con el mito de Hércules entre el vicio y la virtud.
2. *Antigüedades* (Libro I, cap. 2).

dor quedaba una red rodeada de pequeñas palmas de latón, que cubrían los lirios. De los lirios pendían un par de ristras de doscientas granadas. El pilar que erigió a la derecha de la entrada del pórtico (en el sur), lo llamó Jachin, y el de la izquierda (o norte), lo llamó Boaz.

Según Albert G. Mackey, el término *Jachin* procede de *Iah*, «Dios», y *achin*, «establecer» y *Boaz* de *B* «en» y *Oaz*, «fuerza». En *The Spirit of Masonry*, William Hutchinson escribe que «Los pilares erigidos en el pórtico del Templo no eran únicamente ornamentales, sino que también llevaban con ellos un significado emblemático en sus nombres: *Boaz* es, en su traducción literal, *en ti está la fuerza*; y *Jachin, será establecido*, lo cual, por una trasposición muy sencilla, se puede poner de esta manera: "Oh Señor, tu poderoso arte, tu poder, está establecido por la eternidad"».

Todo ello debe relacionarse con el libro de *Ezequiel* XL, 49. Aunque hay, sin embargo quien relaciona la *J* y la *B* con Judá y Benjamín.

Simbólicamente hablando, la masonería recibe el nombre de «viuda» y los hermanos masones, el de «hijos de la viuda». Interpretando la frase «ella es viuda» del principio de las *Lamentaciones de Jeremías*, el *Midrash* dice que «es viuda» porque ha perdido a diez de las doce tribus;[3] han quedado la de Judá

y la de Benjamín. Señalemos, siguiendo las enseñanzas de los sabios cabalistas, que en el nombre de *Judá* (יהודה) aparece el Tetragrama, IHWH (יהוה), con la letra *Daleth*, que significa *Dal*, «el pobre». Por otra parte Benjamín (בנימין) tiene una guematria 162 como *Kol* IHWH, «la voz del Tetragrama» (קול יהוה), lo cual no deja de ser curioso. Y si sumamos el valor numérico de *Kol* (קול), 136, y de *Daleth* (ד), 4, obtenemos 140, el de *alam* (עלם) «estar disimulado, estar oculto, ser secreto», o sea de nuevo una alusión al secreto masónico. San Jerónimo, en su *Libro de los Nombres Hebreos*,[4] define a Boaz como «en la fuerza» y a Jachin como «preparación». Acudiendo a la tradición hebrea, también podemos relacionar a Boaz con Ruth

---

3. Señalemos que la suma del valor numérico de las dos iniciales de estos dos nombres, *Iod* (י), 10 y *Beth* (ב), 2, nos da 12, aludiendo a las doce tribus o también, según algunos autores, a las 12 puertas de la Jerusalén Celeste.

4. Véase San Jerónimo, *El Libro de los Nombres Hebreos*, Ediciones Obelisco, Barcelona, 2002, págs. 80-81.

la moabita, la nuera de Noemí. Cuando ésta fue a espigar el campo de Boaz, éste la trata tan bondadosamente que ella le pide que la redima casándose con ella. Todo ello no tendría ninguna importancia si no fuera porque de esta unión nacería Obed, abuelo del rey David, que equivale al Mesías.

Encuentro de Ruth y Boaz

Obed (עבד), hijo de viuda, significa «trabajador, obrero». De alguna manera Obed (עבד), de un verbo que significa «trabajar, obrar» es el arquetipo del hermano masón. Sería muy interesante, e incluso necesario, un trabajo exhaustivo sobre este personaje. Señalemos únicamente como pistas para quien desee realizarlo que, como nos explica el libro de *Samuel*:

> El arca de Dios se quedó en casa de Obed-
> Edom el gueteo durante tres meses. Y Dios
> bendijo a Obed-Edom y a toda su familia.[5]

Por otra parte, si bien Obed es hijo de Ruth, fue educado por Noemí y considerado como si fuera hijo suyo. Noemí (נעמי) de (נעם), «ser agradable», simboliza la dulzura en contraposición a la amargura.

Iachin, del hebreo *Iakin* (יכין), palabra cuya guematria es 90, puede relacionarse con la letra *Tsadi* (צ) cuyo valor numérico también es 90.

Si calculamos la llamada guematria *millui* de la letra *Tsadi* (צ), aquella que tiene en cuenta la de todas las letras que la componen, *Tsadi, Dalet* y *Iod* (צדי), obtenemos 104, la misma que la de David Melej (דוד מלך), «rey David».

En el manuscrito *Cooke* se dice que toda la sabiduría anterior al Diluvio fue recogida en dos grandes columnas u obeliscos que serían descubiertas una por Pitágoras y otra por Hermes. También se han hecho corresponder estas columnas con los dos santos de nombre Juan, san Juan Bautista y san Juan Evangelista. Sin duda en todos los casos se está hablando de una dualidad que puede ser resuelta y trascendida en la Unión.

Si sumamos el valor numérico de la palabra Boaz (בעז), 79, al de Iachin (יכין), 90, obtenemos 169, un número muy especial, pues es 13, el valor numérico de *Ejad* (אצד), «uno», multiplicado por sí mismo. Así, la unión de Boaz (בעז) y Iachin (יכין) produce la Unidad.

---

5. Véase II *Samuel*, VI, 11.

Boaz (בעז) y *Iachin* (יכין) también pueden relacionarse con los dos solsticios e incluso con los dos santos de nombre Juan.[6] Como escribe Francisco Ariza:

> Las columnas Jakin y Boaz se vinculan con la simbólica de los dos solsticios, y por tanto con las dos fases ascendente-descendente del ciclo anual. Ellas se asimilan, pues, a los dos San Juan, el Bautista y el Evangelista, y en consecuencia a la «puerta de los hombres» y la «puerta de los dioses», respectivamente. Éstas son las puertas zodiacales de Cáncer y Capricornio, que corresponden a la entrada del verano y del invierno, es decir, el descenso y el ascenso de la luz solar.

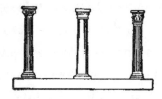

---

6. De ahí la expresión masónica de «Logia de san Juan». Véase a este respecto René Guénon, *Símbolos fundamentales de la Ciencia Sagrada*, trad. de Juan Valmard, Editorial Eudeba, Buenos Aires, 1979, pág. 213.

IX

La escalera

os encontramos con la escalera varias veces en los rituales masónicos, particularmente en el grado 30. Este grado, el de caballero Kaddosh, no aparece hasta el año 1760. Muy relacionado con el libro bíblico del *Levítico* (*Vaikrá*), está construido alrededor del símbolo de la escala. El caballero Kaddosh corresponde al santo. De hecho, *Kaddosh* (קדוש) en hebreo significa «santo», «sagrado». Con todo, se trata de un santo con un aspecto vengativo, pues su función sería la de vengar la muerte de Hiram, el arquitecto del Templo de Salomón, e incluso la de Jacques de Mollay, el Gran Maestre de los Templarios.[1]

No obstante, el simbolismo de la escalera es universal y no sólo patrimonio de la masonería o de Occidente; prácticamente en todas partes evoca la idea de «ascensión, elevación». Es un símbolo universal, pero su significación más profunda, al menos en el contexto de lo que estamos tratan-

---

1. Véase A. Barruel, *Mémoires pour servir à l'histoire du jacobinisme*, París, 1798, t. II, pp. 318-319.

do en este libro, sin duda la encontramos en la famosa «escalera de Jacob» de la que nos habla *Génesis* XXVIII, 10-16.

Louis Cattiaux[2] relaciona la escalera con la puerta, dos símbolos que también encontramos en el sueño de Jacob de *Génesis* XXVIII:

> he aquí una escala que estaba apoyada en tierra,
> y su cabeza tocaba en el Cielo: y he aquí ángeles
> de Dios que subían y descendían por ella.

---

2. Véase Louis Cattiaux, *El Mensaje Reencontrado*, Ed. Sirio, Málaga, 1978, IX, 11.

La Retórica

La Gramática

La Aritmética

La Astronomía

Las 7 artes liberales

Ante tal visión, Jacob no puede sino exclamar:

> ¡Cuán terrible es este lugar! No es otra cosa que
> casa de Dios, y puerta del cielo.

En la escala o escalera masónica podemos leer, en el lado derecho, los nombres de las artes liberales: gramática, retórica, lógica, aritmética, geometría, música y astronomía, y en el izquierdo los de las siete virtudes, prudencia, justicia, sabiduría, fe, coraje, esperanza y caridad. Así tenemos, por una parte el conocimiento y por otra el amor. Conocimiento y amor no han de separarse y, como escribe Cattiaux,[3]

> Subamos por la escalera del amor y del cono-
> cimiento sin vanas discusiones sobre la mane-
> ra de empuñar los barrotes y sin vanos lamen-
> tos por lo que dejamos abajo.

Si en la escalera masónica encontramos siete barrotes o peldaños, en la bíblica tenemos 70, número que indicaría a Jacob que «sus descendientes permanecerían en Babilonia durante setenta años», ya que el primer ángel al que vio subir por ella era el ángel protector de Babilonia.

Como nos explica el *Midrash* (*Bereshit Rabbah*, LXVIII, 16), con la visión de la escala Jacob tuvo una prefiguración de lo que le ocurriría a Moisés en el monte Sinaí. La relación entre la escalera, *Sulam* (סלם) y el *Sinai* (סיני), es habitual entre los

---

3. Véase Louis Cattiaux, *op. cit.*, XVIII, 48.

La Geometría

La Lógica

La Música

Las 7 artes liberales

sabios cabalistas. El zaragozano Abraham Abulafia recurre a menudo al simbolismo de la escalera y nos explica que *Sinai* (סני) y *Sulam* (סלם) tienen idéntica guematria, 130.[4]

En el mismo sueño de Jacob encontramos también una interesante relación entre la escalera y la piedra:

> Y encontró con un lugar, y durmió allí porque ya el Sol se había puesto: y tomó de las piedras de aquel paraje y puso a su cabecera, y se acostó en aquel lugar.

En el texto no queda claro cuál de las «piedras de aquel paraje» utilizó de almohada, pero los comentaristas nos explican que eran doce, y que por un milagro se unieron y se convirtieron en una sola. Ésta es la piedra que después Jacob colocó como monumento para conmemorar su visión profética.

> … se levantó Jacob de mañana, y tomó la piedra que había puesto de cabecera, y la alzó por señal, y derramó aceite encima de ella. Y llamó el nombre de aquel lugar Betel, aunque Luz era el nombre de la ciudad primero.[5]

---

4. Véase Abraham Abulafia, L'*Épître des sept voies*, Éditions de l'éclat, 1985.
5. Véase *Génesis* XXVIII, 19.

Mutus Liber

Es interesante observar que «derramó aceite sobre ella», un aceite que «el cielo le brindó para ese propósito», según el *Midrash*. Ya vimos, al hablar de Betsalel, la relación entre el aceite y el Nombre o la Palabra.

El nombre de aquel lugar será, por una parte, *Betel*, palabra que significa «casa de Dios» y también *Luz*, que significa «almendro», término que aparece a menudo en la Cábala para designar el principio de la inmortalidad y en el cual Guénon ve «el lugar de la manifestación divina», o sea de la *Shekinah*, íntimamente relacionado con el simbolismo de los constructores y los masones:

> ... el lugar de la manifestación divina, representado siempre como «Luz»; y es curioso señalar que la expresión de «lugar muy iluminado y muy regular», que la masonería ha conservado, parece ser un recuerdo de la antigua ciencia sacerdotal que regía la construcción de los templos...[6]

---

6. Véase René Guénon, *El Rey del Mundo*, Ed. Fidelidad, Buenos Aires, 1985, pág. 26.

X
Las granadas

os capiteles de las dos columnas del Templo de Salomón estaban cubiertos con granadas (I *Reyes* VII, 18). Esta fruta, considerada por san Juan de la Cruz como un símbolo de las perfecciones divinas, ha sido objeto de numerosos comentarios por parte de los cabalistas. Una de las obras más importantes de la Cábala, escrita por Rabbí Moisés Cordovero, recibe precisamente el nombre de *Pardes Rimonim*, el jardín de los granados.

En *El jardín simbólico*,[1] el granado se relaciona con la valentía, y según Angelo de Gubernatis,[2] con la manzana, ya que la fruta que habría dado de comer Eva a Adán no sería una manzana, sino una granada. Sea como fuere, en la palabra *Rimón* (רימון), «granada», ya encontramos la idea de *Ram* (רם), «elevación», idea que nos recuerda que las granadas estaban precisamente en la cúspide de las columnas. Esta idea de

---

1. Traducción de un delicioso texto griego publicada por José Juan de Olañeta, Palma de Mallorca, 1984.
2. Véase su *Mythologie des plantes*, París, 1882, t. II, pág. 107.

elevación igualmente la podemos encontrar en la expresión *Ar haElohim* (הר האלהים), «monte de Dios», cuya guematria, 296, coincide con la de *Rimón* (רימון), «granada».

Para san Gregorio papa, la granada era un símbolo de la caridad «que incluye en sí a todas las otras virtudes». Si los Padres de la Iglesia han visto en este fruto un símbolo de la *Ecclesia* porque bajo su corteza alberga un gran número de granos, en la masonería se considera que los granos de la granada representan a los hermanos masones unidos entre sí por un ideal común. Y si la corteza del granado es tóxica y venenosa, los masones se elevan (el sentido de *Ram* (רם), «elevación») desde un mundo malo y venenoso hasta las excelsas alturas.

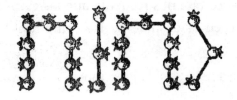

XI

El candidato

«Hay dos tipos de iniciaciones: las de este mundo,
preparatorias, y las del otro, que acaban las primeras.»

OLIMPIODORO

l sujeto que va a ser iniciado es llamado «candidato».
En esto coincide con aquellos que iban a ser iniciados
en las religiones mistéricas. En sus *Cursos Filosóficos*,
Ragon nos explica que «cuando la Logia ha aceptado su admi-
sión, el postulante es *candidato*». Este autor hace derivar el término
«candidato» de la costumbre romana de dotar de un vestido
blanco (*candidus*) a los que aspiraban a un cargo o una dignidad.

Existen, sin embargo, otras opiniones. *Candidus*, «blanco», alude a la pureza necesaria para recibir la iniciación, y *candidatus* significaba «blanqueado». Hay en esta palabra una sutil alusión al
fuego, el fuego purificador, la misma que podemos ver en «iniciación», si la leemos según la cábala fo-
nética o lenguaje de los pájaros como
igniciación. Según S. Segura Murguía, el
origen del término «candidato» es sánscrito: *Kandati. Kandati* vendría del griego
Kandaros,[1] «ceniciento», «blanquecino».

---

1. Véase Santiago Segura Murguía, *Diccionario Etimológico Latino-Español*,
    Ed. Anaya, Madrid, 1985.

Personalmente, preferimos hacer derivar esta palabra de *Kandara*, que en sánscrito significa «caverna», símbolo por excelencia del corazón y del templo como lugar de iniciación. Por otra parte, el término *Kanda* en sánscrito significa también «cebolla», en alusión a las capas y los metales de los que se ha de despojar el candidato para penetrar en el templo. En hebreo la cebolla se dice *Batsal* (בצל), palabra que podemos leer como *BeTsel* (בצל), «en la sombra», cuya guematria, 132, coincide con la de *Kibbel* (קבל), «recibir».

Assemblée de Francs-Maçons pour la Réception des Apprentifs.

Como opina Frédéric du Portal, «la luz tiene por signo el color *blanco*» y «El blanco ha sido también aplicado a la pureza, a la sencillez, a la inocencia. El color blanco es el de los iniciados. Porque el hombre que abandona las tinieblas para seguir la luz pasa del estado profano al de *iniciado, al de puro*».[2]

---

2. Véase Frédéric Portal, *Des Couleurs Symboliques*, Treuttel y Würtz, París, 1957, pág. 2.

Existe también una íntima relación entre el color blanco y el número 7, que ya señaló René Guénon. Este autor establece una equivalencia entre los seis colores del arco iris con las seis direcciones o los seis rayos, y el blanco o «el punto sin dimensiones» con el séptimo rayo. Así como todos los colores no son sino el producto de una diferenciación de la luz blanca, las direcciones espaciales no son más que el desarrollo de las posibilidades contenidas en el punto primordial.

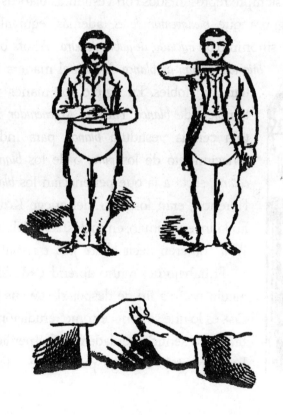

«El término *blanco* –dice Pierre Dujols– fue elegido por razones filosóficas muy profundas. El color blanco, según atestiguan la mayoría de las lenguas, ha designado siempre la *nobleza, el candor, la pureza.* En el célebre *Diccionario manual hebreo y caldeo* de Gesenius, *hur, heur,* significa *ser blanco; hurim, heurim,* designa a los *nobles,* a los *blancos,* a los *puros.* Esta transcripción del hebreo más o menos variable *(hur, heur, hurim, heurim)* nos lleva a la palabra *heureux* (feliz). Los *bienheureux* (bienaventurados), los que han sido regenerados y lavados por la sangre del Cordero, aparecen siempre representados con vestiduras blancas. Nadie ignora que *bienaventurado es,* además, equivalente o sinónimo de *iniciado, de noble, de puro.* Ahora bien, los *iniciados vestían de blanco.* De igual manera se vestían los nobles. En Egipto, los manes vestían también de *blanco.* Path, el *Regenerador,* llevaba una ceñida vestidura *blanca,* para indicar el renacimiento de los *puros* o de los *blancos. Los cátaros,* secta a la que pertenecían los *blancos* de Florencia, eran los *puros* (del griego Καθαπογ). En latín, en alemán, en inglés, las palabras *Weiss, White,* quieren decir *blanco, feliz, espiritual, sabio.*»[3]

El trabajo del futuro aprendiz, «desbastar la piedra bruta a fin de despojarla de sus asperezas», es lo que se conoce como «erudición», palabra cuyo sentido verdadero se ha perdido y se ha convertido en algo puramente intelectual.

---

3. Citado por Fulcanelli en *Le mysthère des Catedrales,* Schemmit, París, 1924.

La verdadera erudición o pulimento se realiza en el corazón que, en la mayoría de los mortales es piedra bruta o, tomando palabras de san Pablo,[4] está rodeado de «callosidades». Nos hallamos aquí ante la idea tan mal comprendida de la «circuncisión» del corazón.

---

4. Véase *Efesios* IV, 17 y 18.

XII

El corazón y la logia

Manuscrito Graham (1726):
—¿Qué es una logia perfecta?
—El centro de un corazón sincero.

on una simplicidad increíble, estas palabras nos revelan el gran secreto de la masonería: los trabajos exteriores son una manera de recordarnos que el verdadero trabajo se realiza en el interior, en el centro, en el corazón, al mismo tiempo que son una simulación de éstos. La logia corresponde efectivamente al corazón, el lugar de la recepción de la Palabra por excelencia, representada por el Libro Sagrado. Como escribe Louis Cattiaux, «el verdadero culto de Dios se realiza en el corazón de los hombres» y no «en la frigidez invasora de las piedras muertas».[1]

Tal y como escribía René Guénon en una nota de su libro *Aperçus sur l'Initiation,* «Apenas hay necesidad de recordar que el "corazón", tomado simbólicamente para representar el centro de la individualidad humana considerada en su integridad, es puesto siempre en correspondencia, por todas las tradiciones, con el intelecto puro, lo que no

---

1. Véase Louis Cattiaux, *El Mensaje Reencontrado*, Ed. Sirio, Málaga, 1978, pág. 214.

tiene absolutamente ninguna relación con la "sentimenta-
lidad" que le atribuyen las concepciones profanas de los
modernos».

Louis Charbonneau-Lassay, en un artículo titulado «Le Coeur
humain et la notion du Coeur de Dieu dans la religion de
l'ancienne Égypte», incluido en su imprescindible *Bestiario de
Cristo*[2] escribía:

> En los jeroglíficos, escritura sagrada donde a
> menudo la imagen de la cosa representa la

---

2. L. Charbonneau-Lassay, *Le Bestiaire du Christ*, cap. X, pág. 95.

palabra misma que la designa, el corazón no fue, empero, figurado sino por un emblema: el vaso. El corazón del hombre, ¿no es, en efecto, el vaso en que su vida se elabora continuamente con su sangre?

El corazón, como Grial que es, es el receptáculo, el Lugar, el Templo, el Santuario. Pero este Santuario está recubierto de una espesa nube: la callosidad a la que hacíamos alusión hace un momento, en el capítulo anterior.

La relación entre el misterio del corazón y la Palabra Perdida masónica no ha sido examinada hasta la fecha, creemos, por ningún autor. Sin embargo, es sorprendente que *Anahata*, que en sánscrito significa «inaudible» o «inefable», adjetivos por excelencia de la palabra, se aplique al corazón o, más concretamente, al chakra del corazón. Otro sentido de esta palabra, que concuerda todavía mejor con el de la Palabra Perdida, es el de «sonido sutil».

XIII
El delta

i bien para la mayoría de autores el Delta masónico deriva del pitagórico, debemos ir más lejos, ya que la letra *Delta* griega es de hecho la traducción de la *Daleth* (ד) hebrea, cuya forma, por otra parte, recuerda sorprendentemente a la de la escuadra. Si el Delta masónico alude a la Unidad, la letra *Daleth*, cuyo valor numérico y ordinal es 4 en el alfabeto hebreo, hace referencia a las 4 letras del Nombre de Dios, IHWH (יהוה), y por lo tanto a la Unidad. Por otra parte, en la plegaria del *Shema*, la última palabra, «Uno», en hebreo *Ejad* (אחד),[1] אֶחָד acaba precisamente con la *Daleth*. Sin duda por ello, en última instancia hemos de ver en el Delta un símbolo del Gran Arquitecto del Universo, IHWH.

---

1. Señalemos que la guematria de *Ejad* (אחד), 13, también puede reducirse a $1 + 3 = 4$.

Tanto más cuanto que, para los pitagóricos, el número 10 estaba representado por la letra Delta. La relación entre el Nombre de Dios y el número 10 la encontramos en la suma de $1 + 2 + 3 + 4 = 10$ y también en las 10 *sefirot*.

XIV

El despojamiento de las vestiduras

«Porque hombre que está calzado, no puede hablar conmigo.»

San Gregorio

ara acercarse a la verdad hay que estar desnudo como ella», escribe Louis Cattiaux,[1] y es que el «acercamiento» requiere de una «espiritualización» que comienza con el despojamiento de los metales, que de algún modo simbolizan aquello que nos separa de Dios, la verdad, el centro, etc. Después de ser privado de éstos, el candidato va a ser despojado también de sus vestiduras. Se trata de una alusión a la desnudez esencial y, según algunos autores, «por pudor»,[2] sólo se le descubren el brazo y el seno izquierdos, la pierna y la rodilla derechas y se le descalza el pie izquierdo. Sin embargo, tampoco han sido escogidos por casualidad y valdrá la pena detenernos en su simbolismo. Las vestiduras corresponden a lo que los cabalistas conocen por la *Klippoth*,[3] que son las cortezas que nos impiden reunirnos con Dios.

---

1. Véase Louis Cattiaux, *El Mensaje Reencontrado*, Ed. Sirio, Málaga, 1978, pág. 230.
2. Resulta obvio que no es «por pudor», ya que las partes del cuerpo que se descubren no han sido escogidas al azar y encierran un simbolismo y una enseñanza iniciáticos, o sea más allá de lo que podría tacharse de «moral».
3. Literalmente, «los pellejos» o «las cortezas».

A la pregunta de «¿Cómo habéis sido introducido en logia?», el ritual del *Manuscrito Graham* contesta: «Pobre y sin un real, ciego e ignorante de nuestros secretos».

Pero, de alguna manera, aquel que va a ser iniciado no está completamente desnudo. Como podemos leer más adelante en este mismo manuscrito:

> —¿En qué postura habéis prestado vuestro juramento?
> —No estaba ni tendido ni de pie, ni andaba, ni corría; no daba vueltas, no estaba ni colgado ni a punto de volar, ni desnudo ni vestido, ni calzado ni descalzo.

La idea de la desnudez esencial y «sin vergüenza» la encontramos en *Génesis* II, 25. Las ropas para «cubrir las vergüenzas» sólo aparecen después del pecado (*Génesis* III, 7), que supone una «materialización» de las almas puras que eran Adán y Eva. Los comentarios de los cabalistas a propósito de este tema son numerosísimos y no va a ser posible detenernos en ellos. A modo de síntesis digamos que, en un primer estadio, el hombre, compuesto por Adán y Eva, hombre y mujer unidos, es puro y vive desnudo en el jardín del Edén, que está al Oriente. Esto es precisamente lo que simboliza el Templo masónico. A raíz del pecado se hace consciente de su desnudez y es expulsado del jardín, o sea del Templo. El Templo ha sido destruido. Con la redención (la iniciación) regresará a este jardín, pero consciente de su desnudez.

El hecho de desnudar el brazo, el seno y el pie izquierdos por una parte y la pierna y la rodilla derechas por otra, simboliza de nuevo la separación de lo puro y de lo impuro, de lo «siniestro» y de lo «recto». Se trata de una alusión a los principios puros e impuros que componen todo lo material, según los alquimistas.[4]

Oswald Wirth señala que si «la zona del corazón es descubierta, es para aludir a la absoluta sinceridad del Recipiendario». Sin pretender, en modo alguno, contradecir esta afirmación, nos atreve-

---

4. «Pues has de tener en cuenta que todas las cosas del Mundo están compuestas por cinco cosas, la primera de las cuales es flemática y una humedad superflua; la segunda es mercurial y la substancia de aquélla, la tercera es oleaginosa y es el Alma vivificante; la cuarta es terrestre y es el Cuerpo, y la quinta es la superfluidad de la Tierra, convertida en los individuos y llamada testa negra; pero nuestra Composición no es flemática…», Nicolás Valois, *III^{er} Libro*, cap. 1.

ríamos a afirmar que también, y sobre todo, es para indicar *el lugar de la recepción* de la influencia espiritual vehiculada por la iniciación: el corazón. El corazón «está a la izquierda» porque estamos caídos, y de alguna manera lo que va a hacer la iniciación es devolverlo a su verdadero lugar: el centro. Cuando el corazón esté simbólicamente en el centro, también nuestro brazo, o sea nuestros actos, y nuestro pie, o sea nuestros pasos, lo estarán.

La rodilla derecha está desnuda, según Wirth, para «marcar los sentimientos de humildad que ha de tener el inicia-

do».[5] Ciertamente las rodillas se relacionan con la humildad. Arrodillarse es, en cierto modo, humillarse, pero la rodilla, en hebreo *Berej* (ברך), ha de relacionarse directamente con la experiencia fulminante de la bendición, *Berajah* (ברכה). Si la *Berajah* (ברכה) recae sobre la rodilla desnuda es para indicarnos de nuevo que «para acercarse a la verdad hay que estar desnudo como ella».

La pierna y la rodilla que están a la derecha simbolizan lo que todavía queda puro en el hombre. En hebreo *Ierej* (ירך), «pierna, muslo» y *Berej* (ברך), «rodilla», comparten raíz. Ésta, compuesta por las letras *Resh* y *Jaf,* denota finura, suavidad, sutilidad. Es la «separación de lo sutil y lo espeso», de la que nos habla la Tabla de Esmeralda.

---

5.   Curiosamente «rodilla» es en francés *genou,* en inglés *knee* y en italiano *ginocchio,* palabras derivadas de la raíz griega γν, de donde proceden «gónada», «engendrar», lo cual le otorga un sentido «sexual» a la rodilla.

Wirth sostiene que hay que «descalzarse el pie izquierdo en señal de respeto». No se entiende muy bien qué quiere decir. Si acaso habría que descalzarse los dos, o quitarse el sombrero, pero descalzarse sólo un pie… Veremos más adelante a qué se puede referir.

Para entrar en el ámbito de lo sagrado hay que descalzarse. En Israel, los sacerdotes del templo, los Cohanim, iban descalzos. Cuando Moisés se encuentra ante la zarza ardiente, Dios le dice: «Moisés, Moisés, no te acerques, descálzate, pues el lugar en que te encuentras es tierra santa» (*Éxodo* III, 5).

El zapato, las sandalias o el calzado en general, están hechos de piel. El *Tikuné ha Zohar* llama al cuerpo humano «zapato». Descalzarse sería, pues, despojarse de la piel de bestia que nos recubre desde la caída. En hebreo, «zapato» se dice *Naal* (נעל);

esta misma palabra quiere decir «cerrar con llave» y de *Naal* deriva *Neelam*, «oculto». *Naal* tiene una guematria o valor numérico de 150, el mismo que *Meil* (מעיל), «manto, capa, túnica»; es «lo que cubre».

De alguna manera quitarse los zapatos, como también quitarse el sombrero, equivale a humillarse, sería como admitir nuestras bajezas, pero también podríamos relacionarlo con el sueño, pues el Talmud nos enseña que no se puede dormir con los zapatos puestos. El hecho de que

aquel que va a ser iniciado sólo sea descalzado de un pie, el izquierdo, es sumamente revelador. Si bien Wirth lo relaciona con que Jasón emprende la conquista del Toisón de Oro después de perder una de sus sandalias, creemos que ese estado de «semicalzado» corresponde a cierto estado de éxtasis «entre el cielo (el pie descalzo) y la tierra (el pie calzado)», que no es ni sueño ni vigilia y que, en cierto modo, se halla entre ambos. La misma idea podemos encontrarla en el hecho de que Ulises, al atravesar el mar de las Sirenas, se hiciera atar al mástil del barco. Eso le permitía participar de dos mundos al mismo tiempo o, dicho de otro modo, podía penetrar en el mundo sutil convenientemente «atado» al material.

Interpretando el pasaje de *Éxodo* III, 5 en el que Dios le dice a Moisés que se quite sus zapatos, el gran sabio judío

Jafets Jaim afirmaba que Dios está tan cerca de nosotros, en cualquier lugar en el que nos encontremos, que bastaría con que elimináramos el obstáculo que nos separa de Él para darnos cuenta de que estamos en un lugar sagrado. Los zapatos simbolizan, pues, el obstáculo que nos impide entrar en el templo, en lo sagrado.

Comentando este mismo pasaje, san Gregorio escribe:

> Y es como si dijera: si has gana de me oír, y tie-
> nes voluntad de me hablar, deja ahí los zapatos,
> y llégate acá con los pies desnudos: porque hom-
> bre que está calzado, no puede hablar conmigo.

XV

El egregor masónico

xiste una gran confusión, propiciada sobre todo por los autores ocultistas, sobre qué es un «egregor»[1]. El término «egregor» es en realidad un plural: *egrégores*. Se refiere a un ente colectivo, concretamente a los ángeles que, según el *Libro de Henoch*,[2] apasionados por el amor de las mujeres, se reunieron sobre el monte Hermón dispuestos a no separarse hasta tomar por esposas a los hijos de los hombres. Sin embargo, «egregor» procede del latín *grex, gregis*, «rebaño, manada», aunque podemos hacer derivar esta palabra del griego *egregorion*, «vigilante». De este modo, el «egregor» es en realidad aquel que está vigilante, que vela, que no duerme.[3]

Tenemos, pues, dos conceptos radicalmente opuestos; por una parte el cordero o la manada, que representan al hombre dormido en este mundo,[4] y al «egregor», el despierto, el iniciado.

---

1. Probablemente este neologismo no aparece hasta el siglo XIX, en la pluma de Eliphas Levi.
2. Véase *El libro de Henoch*, trad. de François Martin, Ediciones Obelisco, Barcelona, 2005.
3. Véase *Mateo* XXVI, 41: «Velad y orad».
4. Podemos ver la relación entre los corderos y el sueño en la costumbre de «contar ovejitas» para conciliarlo.

La vida del profano se desarrolla como en un sueño, en la inconsciencia de su filiación divina. Está tan dormido cuando duerme como cuando está despierto.

Una bellísima idea que encontramos en el sufismo iraní es la de *Al Araf,* la tierra de los Egrégores. En su *Libro del hombre perfecto,* un famoso autor sufí, Abd el Karim Gili, establece la diferencia entre la gente «que duerme» y aquellos que son conscientes de la Presencia divina, a los que denomina «Vigilantes». Éstos viven en la tierra de *Al Araf,* o sea en otro plano, en otro nivel de conciencia.

La iniciación es precisamente lo que permite el paso de «dormido» a «despierto», un paso que también puede ocurrir de una forma natural en el momento de la muerte. El Aprendiz está dormido: tiene una venda que le cubre los ojos. Cuando es iniciado, esta venda le es retirada. Como dice el aforismo sufí, «los hombres duermen; cuando mueran despertarán». Pero los comentaristas tradicionales nos avisan de que no todo el mundo despertará, sino sólo aquellos que por sus pensamientos, palabras y actos lo hayan merecido.

Pensamientos, palabras y actos son también lo que forma el «egregor» de una Logia. Ésta puede ser un infierno o un paraíso dependiendo de los pensamientos, palabras y actos de aquellos que la constituyen. Como escribía otro autor sufí, Molla Sadrá:

> Paraíso e infierno, bien y mal, todo lo que puede alcanzar el hombre y constituye su retribución en el otro mundo, no tiene su origen en otra parte sino en el yo esencial del hombre mismo, tal como lo constituyen sus intenciones y proyectos, sus meditaciones, sus creencias íntimas y sus comportamientos.

Porque «Dios no juzga ni condena a nadie, pero permanecemos deudores por nuestros pensamientos, por nuestras palabras y por nuestras acciones».[5] Volviendo al término «egregor» en el sentido de «rebaño», creemos que más bien deberíamos hablar de «grey» (palabra que tiene la misma raíz etimológica), que, si bien significa «ganado», tiene asimismo en nuestra lengua la acepción de «congregación de los fieles bajo sus legítimos pastores».

---

5. Véase Louis Cattiaux, *El Mensaje Reencontrado*, Ed. Sirio, Málaga, 1978, VII, 15.

Este «ganado» lo podemos ver como ángeles,[6] ángeles que hemos creado a lo largo de nuestras vidas con nuestros pensamientos, palabras y acciones o, si lo preferimos, ángeles que recogen nuestros pensamientos, palabras y acciones y aparecen en la iconografía popular pesándolos.

Interpretando el versículo del libro del *Génesis* (VI, 20) que dice: «Cada ave alada según su especie», el *Zohar*[7] comenta:

> Esto, como ya se dijo, se refiere a los ángeles, como en el versículo: «Porque un pájaro del aire llevará la voz y alguna avecilla divulgará la noticia».[8] R. Yosé dijo: «todos ellos tienen seis alas, y nunca cambian su forma; de ahí que está escrito de ellos: "Para su especie", es decir, que siempre son ángeles. Son los que recorren el mundo con seis golpes de sus alas, que observan las acciones de los hombres y las registran arriba; de ahí que la Escritura dice: «Ni siquiera en tu pensamiento maldigas al rey...».[9]

---

6. Ya vimos que esta palabra se aplicaba en el *Libro de Henoch* a los ángeles.
7. *Zohar* 34 b.
8. *Eclesiastés* X, 20.
9. *Eclesiastés* X, 20.

XVI

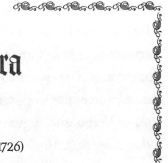

La espada flamígera

«Nada puede hacerse sin fe ni oración.»

Manuscrito Graham (1726)

n el transcurso de la iniciación del grado de aprendiz, éste es apuntado con la espada flamígera. Esta escena contiene de alguna manera todo el sentido de la iniciación: el aprendiz se halla en una situación parecida al momento que cualquier ser humano vivirá antes de la muerte, ante el fuego representado por la espada.

La espada flamígera masónica es, como bien señala Jules Boucher,[1] una representación de la espada de los guardianes angélicos y su forma ondulada recuerda el movimiento ondulatorio y vibratorio de una llama. Oswald Wirth[2] nos explica que «es un símbolo del Verbo» y «el arma única del Iniciado que sólo puede vencer por el poder de la idea y por la fuerza que lleva en sí misma».

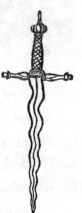

Espada se dice en hebreo *Jereb* (חרב), de la raíz que significa «calor»; quizá de ahí la idea de

---

1. Véase Jules Boucher, *La Symbolique Maçonnique*, Éd. Dervy Livres, París, 1979, pág. 61.
2. Véase Oswald Wirth, *Livre de l'Apprenti*, Dorbon Aîné, París, 1931, pág. 119.

flamígera. El simbolismo de la espada ha de relacionarse con el de la «separación». Esto se refiere tanto al análisis o al discernimiento, si lo tomamos desde un punto de vista intelectual, como a lo que nos recomienda la Tabla de Esmeralda cuando dice que «separarás lo sutil de lo espeso». La relación con el Verbo que sugiere Wirth debemos hallarla en el *Libro del Apocalipsis* (I, 16).

 El profano está «mezclado» y su mugre ha de ser separada de lo que es puro, acaso por ello Jesús dijo: «No vengo a traer paz, sino espada» (*Mateo* X, 34). En su mente se confunden conocimientos verdaderos y conocimientos erróneos, pero carece del discernimiento necesario para diferenciarlos. Los cabalistas relacionan la espada con la letra *Zain* (ז), que parece tener forma de daga o de espada. *Zain* (זין) significa precisamente «arma». El valor numérico de esta letra es 7 y su guematria *millui* 67, con lo que coincide con la de la *sefirah Binah* (בינה), uno de cuyos significados es «discernimiento».

Sabemos que la espada era uno de los instrumentos que figuraban en el sacrificio védico y se relacionaba con el *vajra* o «rayo de Indra». Igual que en el esoterismo judío, el rayo es un símbolo de la bendición.

Como escribe René Guénon:

La relación de esta espada con el *vajra* debe notarse particularmente en razón de lo que sigue; y agregaremos a este respecto que la

espada se asimila generalmente al relámpago o
se considera como derivada de éste, lo que se
representa de modo sensible por la forma muy
conocida de la «espada flamígera», aparte de
otras significaciones que ésta pueda igualmente tener a la vez, pues debe quedar bien claro
que todo verdadero simbolismo encierra siempre una pluralidad de sentidos, los cuales, muy
lejos de excluirse o contradecirse, se armonizan,
al contrario, y se complementan entre sí.[3]

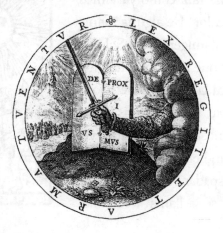

Y más adelante,

La espada se asimila simbólicamente no sólo al
rayo, sino también, lo mismo que la flecha,
al rayo solar...[4]

---

3. Véase René Guénon, *Símbolos fundamentales de la Ciencia Sagrada*, trad. de
    Juan Valmard, Editorial Eudeba, Buenos Aires, 1979, pág. 163.
4. *Ibidem*.

También podemos adivinar «espadas flamígeras» en los rayos que porta el águila de Júpiter e incluso en los del Sol. Observemos, por ejemplo, la lámina número XVIIII del Tarot de Marsella, denominada «El Sol». De los 12 rayos que aparecen en el Sol de esta lámina, 8 son «flamígeros». El número 8 corresponde a la letra *Jet* (ח), inicial de *Jereb* (חרב), «espada», de una raíz, como ya vimos, que significa «calor». De alguna manera los 8 rayos «flamígeros» del Sol dan calor, mientras que los otros 4 dan luz.

En heráldica la espada se relaciona con la serpiente, y en algunas representaciones gnósticas se puede ver personajes blandiendo serpientes como si fueran espadas. A la serpiente de cola ondulada se la llama «tortillante».

XVII

La estrella flamígera

a estrella flamígera y la letra G no aparecen en los rituales masónicos hasta el año 1737. En aquel entonces se relacionaba la G con «gloria, grandeza y geometría». La letra G, séptima letra del alfabeto corresponde a la *Guimel* hebrea (ג); aunque esta letra ocupa en su alfabeto el tercer lugar y su valor numérico es 3, no puede dejar de relacionarse con el simbolismo del número 7. Para diversos autores, la G debería relacionarse con la *Iod* (י), inicial de IHWH, el Nombre Sagrado de cuatro letras. Esta hipótesis nos parece, al menos simbólicamente hablando, más acertada, sobre todo si pensamos en la G como inicial de *God*, «Dios». La G, en los rituales de compañero, se relaciona con el Gran Arquitecto del Universo.

Por otra parte, la I, que sería la equivalente de la *Iod*, ya designaba para los Fedeli d'Amore «el primer nombre de Dios». La asimilación fonética entre *Iod* y *God* fue señalada por René Guénon en sus *Símbolos fundamentales de la Ciencia*

Sagrada.[1] Guénon también señala que la *Iod* corresponde cabalísticamente a las tres *middoth* superiores, que podemos relacionar con los tres puntos masónicos. Esta letra, la más pequeña del abecedario, aparece en la iconografía cristiana en el interior del corazón, aludiendo sin duda al evangélico *intra vos est.*

Para Joseph Marie Ragon, la Estrella Flamígera era antaño la imagen del hijo del Sol, «de ese Horus, hijo de Isis, de esa primera materia, fuente de vida inagotable, esa chispa de fuego increado, simiente universal de todos los seres. En medio de la estrella aparece la letra G».

El origen de la estrella flamígera hemos de buscarlo en el pentalfa pitagórico, símbolo a su vez del hombre regenerado. En el simbolismo masónico, la estrella flamígera está figurada entre la espada y el compás, simbolizando también al

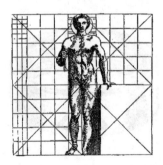

«hombre regenerado». Esta estrella ha sido comparada con la que guió a los Reyes Magos hasta el nacimiento de Jesús. De algún modo corresponde también a la estrella de los alquimistas o a la del Camino de Santiago. En los Vedas re-

---

1.   Véase René Guénon, *Símbolos fundamentales de la Ciencia Sagrada,* Ed. Eudeba, Buenos Aires, 1973, pág. 103.

cibe el nombre de *Savanagraha*, estrella que aparece en el nacimiento del dios Agni. Desde el punto de vista de los alquimistas, el número 5 corresponde a la *Quinta Essentia*.

Jorge Adoum, el famoso mago sudamericano, autor de diversos trabajos relacionados con la masonería, señala que:

> el poner la mano sobre el corazón, órgano de vida y altar de Dios, significa «prometo como Dios hombre o Hijo de Dios, y reafirmo mi promesa de cooperar en la obra del Gran Arquitecto del Universo», la mano izquierda abierta y levantada forma la Estrella de Cinco Puntas, que es el símbolo del hombre triunfante en sus pruebas.

La relación entre la estrella, la *Quinta Essentia* y el corazón no puede ser más evidente, pero la mano, en hebreo *Iad* (יד), también debe relacionarse con el simbolismo del número 5. La guematria de *Iad* (יד), 14, puede reducirse a 1 + 4 = 5. Por otra parte, la mano tiene 5 dedos. Curiosamente la mano se llama en sánscrito *pani*, que puede relacionarse con la raíz *pan*,[2] que significa «cinco». Si añadimos la letra *Guimel* (ג) o, lo que es lo mismo, la G, a *Iad* (יד), obtenemos *Guiad* (גיד), palabra que quiere decir «tendón, nervio» y cuya guematria o valor numérico es 17 (3 + 14), el número que en el Tarot de Marsella lleva el arcano llamado

2. De donde procede el griego *penta*, «cinco».

«La Estrella». Observemos el tendón o la duricie que aparece en la rodilla de este personaje, resultado, según algunos autores, de la oración.[3] También hay quien ha comparado la rodilla doblada con la escuadra. Sería interesante ahondar en esta idea.

La estrella, la *Quinta Essentia*, la pentalfa, no son sino distintos nombres para referirse al éter. Representada a menudo como una rosa de cinco pétalos en el centro de la Cruz, la *Quinta Essentia* equivale al loto de las tradiciones orientales. Como escribe René Guénon[4] citando el *Chhândogya Upanishad*, (8° Prapâthaka, 1er Khanda, *shruti* 1):

En esta morada de *Brahma* (*Brahma-pura*), es decir, en el centro vital del que acabamos de hablar, «hay un pequeño loto, una estancia en la que hay una pequeña cavidad (*dahara*), ocupada por el éter (*Âkâsha*); se debe buscar Lo que es en este lugar, y se Le conocerá.

En un trabajo dedicado a los números y la notación matemática,[5] René Guénon escribía que «el número cinco; esto es de nuevo lo que simboliza la cruz con su centro y sus cuatro brazos».

---

3. Lo cual no hemos de interpretar desde un punto de vista moral, sino iniciático, entendiendo oración como orientación y ejercicio de reconexión.
4. Véase René Guénon, *El hombre y su devenir según el Vedanta*, Madrid, Sanz y Torres, 2006, cap. 3.
5. Véase René Guénon, *Mélanges*, Gallimard, París, 1976, cap. VII.

Este centro «está representado cabalísticamente por la letra *Shin*, que, situándose en el centro del tetragrama cuyas cuatro letras figuran sobre los cuatro brazos de la cruz, forma el nombre pentagramático, sobre cuya significación no insistiremos más aquí, queriendo solamente señalar este hecho de pasada. Las cinco letras del pentagrama se sitúan en las cinco puntas de la Estrella Flamígera, figura del Quinario, que simboliza más particularmente el Microcosmos o el hombre individual».

Es admirable la asociación entre el Tetragrama y la letra *Shin* (ש) con la estrella flamígera, pero ¿por qué? Guénon no lo explica. Recurriendo a los cabalistas, vemos que es algo tan obvio que puede pasar inadvertido. La letra *Shin* (ש), cuyo sonido «shhh» recuerda el crepitar de unas brasas, es denominada por los cabalistas «la letra del fuego» y es la «letra fuerte» de la palabra *Esh* (אש), «fuego».

Esta letra puede relacionarse con el nombre de Dios que aparece en *Éxodo* III, 14, *Ehieh* (אהיה), «Yo seré», cuya guematria es 21, ya que la *Shin* ocupa el vigésimo primer lugar en el alfabeto, justo antes de la *Tav*, la última letra. Por otra parte, la guematria de esta letra, 300, es la misma que la de *Ruaj Elohim* (רוח אלהים), el Espíritu de Dios. La guematria completa o *millui* del nombre de esta letra, la letra *Shin* (שין), 360, nos lleva a *haShanah* (השנה), el año, palabra cuya guematria también es 360.[6]

_____

6. Señalemos que el año judío es de 360 días.

Guénon relaciona asimismo la letra G de la estrella flamígera con la G de «gnosis», así:

> Ésta, figurada en Masonería por la letra G∴ de la
> Estrella Flamígera, se aplica simultáneamente al
> programa de búsquedas intelectuales y de entre-
> namiento moral de los tres grados de Aprendiz,
> Compañero y Maestro. Ella busca, con el
> Aprendizaje, penetrar el misterio del origen de
> las cosas; con el Compañerismo, desvelar el
> secreto de la naturaleza del hombre, y revelar,
> con la Maestría, los arcanos del destino futuro de
> los seres. Enseña, además, al Aprendiz a elevar
> hasta su más alta potencia las fuerzas que porta
> en sí mismo; muestra al Compañero cómo
> puede atraer a él las fuerzas del ambiente, y
> enseña al Maestro a regir como soberano la
> naturaleza sometida al cetro de su inteligencia.
> No hay que olvidar, en todo ello, que la inicia-
> ción masónica se relaciona con el Gran Arte,
> con el «Arte Sacerdotal y Regio de los antiguos
> iniciados».

Los guantes

n el día de su iniciación, el recién iniciado recibe dos pares de guantes blancos, uno para él y
otro para su mujer. En la *Carta de Herault* (1737)
se establece «que el aprendiz recibe en la ceremonia de iniciación un mandil de cuero blanco y dos pares de guantes,
uno para sí mismo y otro para la mujer que más estima».

La palabra hebrea que significa «guante», *Kesaiah* (כסיה), es
harto reveladora, ya que está formada por *Kus* (כס), «recipiente»
y *Iah* (יה), un Nombre de Dios formado por la mitad del Tetragrama. La idea de «recepción» no podría estar mejor expresada.

Es obvio, desde el punto de vista de la Cábala, que «la mujer
que más estima, es la *Shekinah*, a la que hay que «recibir» y «aco-
ger». Como el agua, en hebreo *maim* (מים), palabra que tiene la
misma guematria que *Kesaiah* (כסיה), 95, debe ser recibida
con las manos abiertas para que se pueda operar la purificación.

Pero el guante no es sólo un instrumento de trabajo o incluso un símbolo de nobleza; también es un *desafío*. De alguna
manera es un desafío para que el aprendiz *se ponga manos a la obra*.

El color blanco de los guantes nos recuerda que el hermano masón ha de abstenerse de obras impuras, pero también

que el trabajo que le toca realizar no es un trabajo profano, que pueda hacerse con las manos de carne y de sangre, sino un trabajo que requiere una purificación previa de nuestros sentidos.

En el libro de *Job* (XXII, 30) se dice que Dios librará al inocente, que escapará gracias a la pureza de sus manos. Pero la palabra *Naki* (נקי), que se traduce como «inocente», quiere decir «limpio». La liberación tiene que ver con la pureza y la libertad del masón en su pureza.

Como nos explica Jules Boucher,[1] «los guantes blancos del masón significan que sus manos están limpias porque no han participado en el asesinato de Hiram».

---

1. Véase Jean Boucher, *La Symbolique Maçonnique*, Éd. Dervy Livres, París, 1979, pág. 313.

XIX

El mandil

 odría decirse del mandil que es el vestido del masón, el atuendo imprescindible para la realización de su trabajo. Es el primer decorado que el Venerable Maestro pone al nuevo aprendiz, lo cual le confiere una importancia especial. Herencia de la antigua masonería operativa, el mandil tiene, sin embargo, un sentido en el que pocos han reparado. «Más honroso que todas las condecoraciones humanas», simboliza el trabajo, pero no se trata del trabajo profano, exterior, sino del que se realiza en el interior del Templo. Es el «primer deber del hombre y fuente de todos los bienes» que le confiere al aprendiz el derecho de sentarse junto a sus hermanos.

La idea de que el trabajo ennoblece o confiere honra únicamente puede aplicarse a este tipo de trabajo. Es obvio y evidente que el trabajo profano, exterior, embrutece, fatiga y acaba consumiendo la vitalidad del trabajador. Por eso es un trabajo maldito: la bendición sólo se encuentra en el interior del Templo. En los *Pirké Avoth* (I, 19) lee-

mos algo que es más que un mero consejo: «Shemaiá solía decir: ama el trabajo y odia el poder, y no te hagas conocer por quienes están en el poder».

Los comentaristas tradicionales nos enseñan que no se trata del trabajo exterior, que, como se ha dicho, es más bien una maldición, sino del trabajo espiritual.

 Para ahondar en el simbolismo del mandil, la alusión al pasaje bíblico en el que se nos explica que Adán y Eva pecaron y se dieron cuenta de que estaban desnudos es inevitable. Hay, sin embargo, dos tipos de desnudez, una pura y otra impura. La desnudez esencial y «sin vergüenza» la encontramos en *Génesis* II, 25: es la pureza anterior a la caída. Las ropas para «cubrir las vergüenzas» sólo aparecen después del pecado (*Génesis* III, 7), «la desnudez con vergüenza», que supone una «materialización» de las almas puras que eran Adán y Eva.

Las ropas con las que nuestros primeros padres cubrirían sus «vergüenzas» iban a ser simples hojas de higuera, pero la tradición cabalística afirma que eran de cuero. En el *Zohar* encontramos un comentario que sostiene que «antes de transgredir, Adán vestía una túnica de luz, y tras el pecado, una túnica de piel». Con el cuero o la piel no sólo se fabrica el mandil, sino también el zapato, y ambos tienen elementos simbólicos en común. En hebreo, «zapato» se dice *Naal* (נעל). *Naal* tiene un valor numérico de 150, el mismo que *Meil* (מעיל), «manto, capa, túnica».

Otra palabra que significa «túnica», *Mada* (מדא), es un anagrama de *Adam* (אדם), «Adán, hombre». De este modo podemos afirmar que el mandil es para el masón lo mismo que el cuerpo físico y material es para el hombre: al mismo tiempo, algo que lo une con todos los demás hombres y una barrera que lo separa de ellos.

El color del mandil del aprendiz es el blanco, símbolo de la candidez y la pureza necesarias para realizar su trabajo masónico. Este color permanecerá en los mandiles de los demás grados, recordándole al que lo lleva que un masón, a pesar de las medallas y diplomas que ostente, es siempre un aprendiz. La mayoría de etimólogos hacen derivar la palabra «mandil» del latín *mantele, -is* «toalla»; sin embargo, nos atreveríamos a aventurar otra etimología, falsa quizá, pero mucho más sugerente desde el punto de vista simbólico.

El mandil del masón es una prefiguración del cuerpo de luz, del cuerpo de resurrección. A esta idea, que a muchos les parecerá descabellada, llegaremos a partir de la raíz etimológica que proponemos para la palabra «mandil», que coincide con la raíz *mand*, de donde vendrán, por ejemplo «almendra» o «mandorla». La mandorla es una forma geométrica que resulta de la intersección de dos círculos que tienen el mismo radio. La materia, simbolizada por el círculo de la izquierda, y el espíritu, simbolizado por el de la derecha, nos remiten a las mandorlas propias del románico que enmarcan la divinidad o a la del arcano XXI del Tarot de Marsella, denominado «El Mundo». Vejiga de pez (*Vesica Piscis*) en numerosas mitologías, traspasó el ámbito de lo pagano para convertirse en símbolo de los cristianos. Cuando la *Vesica Piscis* aparece representada verticalmente, la mandorla forma la figura de un pez, una alusión al griego *ichthys*, que es un acrónimo de «Jesús Cristo, hijo de Dios, Salvador».

La palabra que en hebreo quiere decir «almendra», *Sheked* (שקד), es muy curiosa, pues tiene similitud con *Sheker* (שקר), «mentira», con una letra *Dalet* (ד) en vez de una *Resh* (ר), que se le parece muchísimo. Pero *Sheked* (שקד) es un anagrama de *Kaddosh* (קדש), «santo».

El simbolismo de la almendra es inseparable del de *Luz* (לוז),[1] la misteriosa ciudad de la que nos habla el libro del *Génesis* (XXVIII, 17), sobre la cual no tiene ningún poder el Ángel de la Muerte. Como escribe René Guénon:[2]

> Cerca de Luz, hay, se dice, un almendro (llamado también *luz* en hebreo) en cuya base hay una oquedad por la que se penetra en un subterráno y este subterráneo conduce a la ciudad misma, que está enteramente oculta. [...] La misma palabra *luz* es también el nombre dado a una partícula corporal indestructible, representada simbólicamente como un hueso muy duro, y a la cual el alma permanecería ligada después de la muerte y hasta la resurrección.

---

1. En Luz (לוז), cuya guematria es precisamente 33, podemos ver también una alusión a los 33 grados.
2. Véase René Guénon, *El Rey del Mundo*, Ed. Fidelidad, Buenos Aires, 1985, cap. VII.

Como el hueso de la almendra contiene el germen, y como el hueso corporal contiene la médula, esta luz contiene los elementos virtuales necesarios a la restauración del ser; y esta restauración se operará bajo la influencia del «rocío celeste», que revivifica las osamentas desecadas [...]. Se sitúa la *luz* hacia la extremidad inferior de la columna vertebral; esto puede parecer bastante extraño, pero se aclara por una aproximación a lo que la tradición hindú dice de la fuerza llamada *kundalini.*

Podemos dividir el mandil en dos partes, un triángulo y un cuadrado. Desplegados dan una figura en la que podemos contar 26 bolitas, alusión, como veremos, al número 26, que en la Cábala se refiere al Tetragrama IHWH.

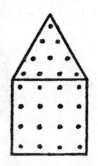

Para Cattiaux[3] se trataría de la unión de la piedra cúbica y la piedra triangular:

La piedra de fundamento es una piedra cúbica y la piedra cumbre es una piedra piramidal.

René Guénon[4] lo relaciona con la *Tetraktys* pitagórica y asocia los números 10 y 16, contenidos respectivamente en el triángulo y en el cuadrado, con el valor numérico del Tetragrama señalando: «además 10 es el valor de la prime-

3. Véase Louis Cattiaux, *El Mensaje Reencontrado*, Ed. Sirio, Málaga, 1978, XXVI, 50.
4. Véase René Guénon, *Símbolos fundamentales de la Ciencia Sagrada*, trad. de Juan Valmard, Editorial Eudeba, Buenos Aires, 1979, pág. 96.

ra letra, *Iod*, y 16 es el del conjunto de las otras letras, *He-Vav-He*».

El mandil de los maestros está ribeteado de rojo o de azul, según el rito sea escocés o francés. En él aparecen las letras M y B seguidas de tres puntos. ¿No se tratará de una alusión a la idea de *Mab* (מב)[5] de los cabalistas, los 42 Nombres de Dios? Si la primera letra designa al Talmud y a la *Torah* oral, la segunda se refiere a la *Torah* escrita. El verdadero Maestro es aquel que reúne las dos.

---

5.   El valor numérico de *Mab* (מב) es 42.

XX

El mandil del aprendiz y el atanor de los alquimistas

elacionar el mandil del aprendiz con el atanor de los alquimistas puede parecer descabellado, pero Amélie-André Gédalge ya lo asociaba en la década de 1920 en el artículo «tablier», que apareció en el *Dictionnaire Rhéa*. Escribía:

> El mandil de los aprendices masones está hecho
> de piel de cordero y tiene forma de atanor.

Como señala Jules Boucher,[1] que no cree que primitivamente el mandil representara al atanor, «las representaciones del atanor de los alquimistas tienen a veces una forma pentagonal, como podemos ver en un bajorrelieve del portal central de Notre Dame de París». Con todo, es muy curioso que el mandil se encuentre tapando el estómago, órgano que también ha sido relacionado con el atanor de los alquimistas. Si como decía don Quijote (segunda parte, cap. XCIII), «la salud

---

1. Véase Jules Boucher, *La Symbolique Maçonnique*, Éd. Dervy Livres, París, 1979, pág. 298.

de todo el cuerpo se fragua en la oficina del estómago», al decir *todo* el cuerpo, ¿no se estará refiriendo también al cuerpo de luz, cuya salud se fragua en el atanor del alquimista?

La mayoría de autores, entre ellos Boucher, hacen derivar la palabra *atanor* de *a-tanatos*, «no muerte», pero nos parece que más bien hemos de buscar su origen en un término bíblico, *Tanur* (תנור), que se suele traducir por «horno». En *Tanur* (תנור) podemos ver una alusión a *Nur* (נור), «fuego», «resplandor», pero también a *Norah* (נורה), «terrible», ninguno de cuyos términos les serán ajenos a los masones.

Los misterios del Norte

 l Norte siempre alude a lo escondido, a lo oculto. La palabra hebrea *Zafon* (זפון), que significa «norte», también quiere decir «oculto».

En el *Manuscrito Graham* (1726) podemos leer:

—¿Cómo estaba orientada la logia durante vuestra recepción?

—Al este, al oeste y al sur.

—¿Por qué no al norte?

—Ya que nosotros residimos en la parte norte del mundo, y ya que no enterramos a los muertos en el lado norte de nuestras iglesias, igualmente dejamos vacío el lado norte de nuestras logias.

En el judaísmo, el Norte se asocia siempre con la noche, concretamente con la medianoche, y con sus misterios; también puede relacionarse con las experiencias ocultas. Por esta razón, la idea de «norte» es inseparable de la de «peligro». En la *parashah Vaiehi* del *Zohar* leemos que:

En el hueco del gran abismo, que está en el lado norte, hay muchos demonios dotados con poder para dañar al mundo.

Para los cabalistas, la letra *Beth* (ב), la letra por la que empieza la *Torah*, estaría formada por tres letras *Vav* (ו) unidas, con una abertura a la izquierda, hacia el lado Norte. Ello indicaría que el Norte es el lado por el que estamos desprotegidos. La palabra *Beith* (בית) significa «casa, vivienda».

Un curioso versículo de *El Mensaje Reencontrado* XXIV, 33' nos dice que:

> El maestro, al visitar la morada del discípulo, lo rompió todo salvo una botella, luego quemó lo que podía arder excepto las Santas Escrituras, después apagó las cenizas con agua excepto un tizón. Finalmente, abrió todas las ventanas excepto la que miraba al Norte, después salió por el Sur sin decir una palabra.

En su comentario de la *parashah Vaieshev*, el *Zohar* explica que el deseo del hombre por unirse con la mujer viene del Norte, y varios libros místicos[1] aconsejan colocar la cama en el eje Norte-Sur.

Una enigmática frase del libro de *Job*[2] que dice *MeZafon Tzaav* (מזפון זהב), literalmente «del Norte, el oro» intrigó sobremanera a los antiguos alquimistas. Es una frase muy oscura. Sin embargo su guematria, 280, puede arrojarnos alguna luz

---

1. Concretamente, en la famosa *Igueret haKoddesh*, atribuida a Maimónides, podemos leer que: «Rabí Isaac ha dicho: quien coloque su lecho entre el norte y el sur tendrá hijos varones, como ha sido dicho: "Tu norte llenará sus vientres, y será abundante su prole"».
2. Véase *Job* XXXVII, 22.

sobre a qué puede referirse, ya que coincide con la de *Or haJaim* (אור החיים), «la luz de la Vida».

El Norte tiene que ver con lo frío, pero, como nos dice Louis Cattiaux (*El Mensaje Reencontrado*, VII, 42):

> El Salvador se encarna en la nieve del norte y
> se manifiesta en la arena del sur

Cuando, en *Génesis* XIII, 2, leemos que «Abraham fue muy rico en ganado, plata y oro», el *Zohar* comenta que:

> «Muy rico», del lado del Este;
> «en ganado», del lado del Oeste;
> «en plata», del lado del Sur;
> «en oro», del lado del Norte.

En el tratado talmúdico de *Baba Batra* (25 b), está dicho que:

> aquel que quiera adquirir sabiduría, que se
> vuelva hacia el Sur; aquel que desee enrique-
> cerse ha de volverse hacia el Norte.

Ya que, en el Templo de Salomón «el candelabro (de plata) estaba situado hacia el Sur y la Mesa (de oro) hacia el Norte».

El otro nombre del «norte», «septentrión» procede del latín *septentriones*, de *septem*, «siete», y *trio, -onis*, «buey». Estos «siete bueyes» eran las siete estrellas que componen la constelación denominada «El Carro». Observemos que el arcano del Tarot de Marsella denominado, «El Carro», es, precisamente, el número siete.

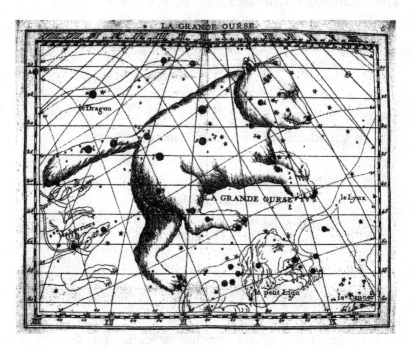

La Osa Mayor o El Carro.

XXII

Planchas grabadas y buenas costumbres

n masón es un hombre «libre» y «de buenas costumbres». De hecho, estas últimas son el resultado de la libertad. Un esclavo (de los demás o de sí mismo) no tiene ni puede tener buenas costumbres. No es libre, está sometido a lo que los judíos conocen como *Ietser haRa*, la «mala inclinación» o la «inclinación al mal».

En el tratado talmúdico de *Avoth* (V, 19) podemos leer:

> Acostumbraba a decir Ben Bag-Bag: dale vuelta una y otra vez (a la *Torah*), vuelve sus páginas, porque todo se halla en ella. Estúdiala y envejece sobre ella y no te muevas de ella, porque no encontrarás regla de vida mejor que ella.

Esta «regla de vida», en hebreo *Midah* (מדה),[1] es lo que conocemos por «buenas costumbres». Señalemos que tanto en la palabra «regla» como en *Midah* (מדה) encontramos la idea de medición, así como la de norma de comportamiento.

---

1. El sentido original de esta palabra en hebreo es «medida», un concepto típico de la construcción. La raíz *Mad* (מד) significa «extensión, longitud, medida».

Lo que en el cristianismo se conoce como los diez mandamientos (si acudimos al texto hebreo, vemos que en realidad aparecen once), estaba *grabado* en las tablas de la Ley, que según los *midrashim* eran de zafiro.[2] Estos mandamientos son *reglas* de comportamiento que han de seguir tanto los buenos masones como los buenos cristianos. Estas «buenas costumbres» han de ser grabadas en su corazón.

Las tablas de la Ley

Una de las expresiones que más choca al profano que se acerca a la masonería es la de «plancha grabada». ¿Por qué no

---

2. Señalemos que *Safir* (ספיר), «zafiro», comparte raíz con *Sefer* (ספר) «libro».

se habla, por ejemplo, de «texto escrito» o de «redacción»? ¿Por qué «plancha»? ¿Por qué «grabada»? Sin duda hay varias explicaciones, más o menos interesantes, pero quisiéramos aventurar una nueva que posiblemente esté más cerca del espíritu cabalístico que subyace en el acervo simbólico masónico.

El trabajo del masón no consiste únicamente en el desbastado y el pulimento de la piedra bruta, equiparable por otra parte a la *materia prima* de los alquimistas; también ha de reflejar sus investigaciones y sus hallazgos en «planchas» que «grabará» y leerá a sus hermanos.

Ciertamente, la idea de «plancha» podemos hacerla derivar de las pizarras en las que tomaban notas los antiguos constructores, y sin duda proceda de ahí, pero el origen del símbolo es absolutamente cabalístico.

Vemos en el *Midrash* un comentario a *Éxodo* XXXII, 16:

> La escritura grabada (*Jarut*) sobre las tablas.
> ¿Cuál es el significado de *Jarut*? [...] Rabí Nejemiá dice: libre del ángel de la muerte.[3]

Esta interpretación tan sorprendente la debemos a que, en hebreo, «grabar» se dice *Jarat* (חרת) y «libertad», *Jarut* (חרות). Apoyándose en este juego de palabras, los cabalistas relacionan el texto de la *Torah*, la escritura *grabada* sobre las tablas, con la libertad.

---

3. El cual es, por decirlo de algún modo, la personificación del *Ietser haRa* al que aludíamos al principio.

Un comentario de Rabbí Jaim de Voloshin dice:

> Y las tablas, obra de Dios son; y la escritura, escritura de Dios es, grabada (*Jarut*) sobre las tablas (*Éxodo* XXXII, 16). No leas •grabada• (*Jarut*) sino •libertad• (*Jerut*), pues sólo es libre quien se dedica al estudio de la Torá.

La verdadera libertad es el estado que podía haber conocido Adán si no hubiera caído y es el estado de los adeptos que, habiéndose situado por encima de la dualidad del bien y del mal, son libres y pueden decir:

> Ahora la ley está grabada en nuestros corazones y ya no en la piedra, pues nuestros corazones conocen lo que está bien y lo que está mal. Así, la libertad de la elección nos es dada a fin de que nuestra recompensa o nuestro castigo sean un ejemplo saludable para el mundo que nos mira.[4]

---

32. Véase Louis Cattiaux, *El Mensaje Reencontrado*, Ed. Sirio, Málaga, 1978, XXVII, 15'.

XXIII

El profano

«En masonería, como en todas partes,
muchos son los llamados y pocos los elegidos.»
RENÉ GUÉNON

érminos como «el profano», «el iniciando», «el neófito» suelen aplicarse en masonería a aquel que va a recibir la iniciación. *Pro* significa «delante» o «fuera de», y *fanum*, «Templo»; *profano* es, pues, lo que está fuera del lugar sagrado, lo que *no* es lugar sagrado. Así, «el profano» se refiere al mismo tiempo a «aquel que está fuera del Templo» y a aquel que está delante de él, lo cual nos sugiere varias lecturas.

Jules Boucher es claro y directo: «En masonería el nombre de "profano" califica a aquel que no ha recibido la iniciación».[1] Este autor no parece establecer ninguna diferencia entre aquel que desea iniciarse y aquel que no, entre el que está delante y el que está fuera.

De hecho, «profano» es todo aquello que está fuera del lugar

---

1. Véase Jules Boucher, *La Symbolique Maçonnique*, Éd. Dervy Livres, París, 1979, pág. 80.

sagrado. Es una forma de realidad, la realidad que no es sagrada. Es lo exterior, lo superficial, lo exotérico, en contraposición a lo interior, lo esencial, lo esotérico. En la terminología masónica, lo profano es lo que está fuera de la logia o del Templo. Resultaría interesante explicar aquí que la palabra «templo» se refiere al lugar (en hebreo *Makom*) donde tienen lugar las teofanías, aquel punto de intersección entre el cielo y la Tierra en el que el espacio se convierte en tiempo y el tiempo se convierte en espacio, como podemos apreciar a lo largo de toda la obra, ciertamente inspirada, de Henri Corbin.[2]

Considerando las ideas de *Pro* como «delante» o «fuera de», no es difícil darnos cuenta de que nuestra «profanidad» consiste en estar delante y en el exterior de las cosas sagradas y no ser capaces de verlas. También consiste en tenerlas delante de nosotros y ser incapaces de reparar en ellas,[3] porque, efectivamente, «lo que toca al ojo no se ve».

Para algunos autores, el cráneo de la Cámara de Reflexión simbolizaría al profano que muere para renacer en la iniciación. Para otros, el cráneo o la calavera evocaría al espejo:

La lisa calavera de un muerto nos refleja mejor
la verdad que cualquier espejo mágico.[4]

---

2. Véase, a este respecto, el libro de Raimon Arola, *El simbolismo del Templo*, Ed. Obelisco, Barcelona, 1986.
3. Véase Louis Cattiaux, *El Mensaje Reencontrado*, Ed. Sirio, Málaga, 1978, I, 19.
4. Véase Louis Cattiaux, *op. cit.*, IX, 12.

El cráneo, en hebreo *Golguet*, de la raíz *Galgal* (גלגל), «rueda», nos viene a decir dos veces la palabra *Gal* (גל), que puede significar «ola», «onda», pero también «cuenco», en una alusión obvia al Santo Grial. Curiosamente, la guematria de *Gal* (גל) es 33. Señalemos que en los evangelios se contabilizan exactamente 33 milagros de Jesús.

El filósofo griego Porfirio, que comparaba la muerte a la iniciación a los misterios, opinaba que:

> hay que purificarse en el momento de la muerte como cuando se es iniciado a los Misterios, liberando el alma de toda pasión negativa, calmando el comportamiento, expulsando la envidia, el odio y la cólera, a fin de poseer la sabiduría cuando se sale del cuerpo.

Para el verdadero masón, como para el cabalista, la muerte no es un final, sino un principio. «Ellos acaban donde nosotros empezamos», decían los cabalistas de Gerona refiriéndose a los filósofos profanos.

XXIV
El salario

odo trabajo merece una retribución acorde con su importancia y con el esfuerzo realizado. En el plano más materialista vemos que un trabajo físico produce sudor, como haciéndose eco de la maldición bíblica de *Génesis* III, 19, «con el sudor de tu frente...». Este sudor implica una deshidratación y sobre todo una desmineralización que bien podría estar en el origen de la costumbre de retribuir con sal. La palabra *salario*, «pago, retribución», deriva de *sal, -is*, «sal». Es sabido que de «sal» también deriva Salus, la diosa de la salud. Como el oro, cuyo simbolismo no carece en absoluto de interés, la sal era un bien muy preciado en la antigüedad; ambos eran moneda de cambio. Como declara un famoso aforismo védico, aludiendo sin duda a la incorruptibilidad del oro, «el oro es la inmortalidad»; la sal, por su parte, simboliza aquello capaz de impedir la corrupción.

La noción de salario, entendida profanamente, alude, pues, a la de pago, sueldo, recompensa por el trabajo realizado. Una expresión griega, «no vale su sal», procedería de la costumbre de cambiar esclavos por sal.

El trabajo masónico también implica una retribución, pero ésta es de otro tipo. Simbólicamente hablando, la sal corresponde a la Sabiduría, y el verdadero salario es la Sabiduría adquirida a través del trabajo sobre el corazón. Sin duda por eso, en la instrucción al grado de aprendiz a la pregunta: «¿En qué se traduce el salario del masón?», la respuesta que se da es: «En el perfeccionamiento gradual de sí mismo».

En el Evangelio podemos leer «Vosotros sois la sal de la tierra, vosotros sois la luz del mundo»,[1] palabras en las que cualquier masón descubrirá el verdadero sentido del salario y también de la filantropía: la luz que adquiere gracias a su trabajo y que ha de compartir con sus semejantes.

El salario debe relacionarse asimismo con el grado, pues aquello que somos y el lugar en el que estamos, o sea nuestro grado, es también la recompensa o el pago por nuestros trabajos. Así, la expresión «pedir aumento de salario» significa solicitar la entrada a un grado superior al que se posee. Al final de las tenidas, el masón recibe su salario en la columna B cuando se trabaja en primer grado; en la columna J cuando se hace en segundo grado, y cuando se cierran los trabajos del tercer grado, en la Cámara del Medio.

En un antiguo ritual, a la pregunta de «Si tengo necesidad de ayuda, ¿qué me daréis?», el aprendiz contestaba: «Compartiré con vos mi salario después de ganarlo, mi pan, nos calentaremos con el fuego de las astillas de mi zurrón y os alojaré en mi cabaña».

---

1. Véase *Mateo* V, 13 y 14.

Es interesante añadir que la palabra «salario», en hebreo *Shejer* (שכר), coincide con *Shajar* (שכר), «borrachera». ¿No será porque el profano se embriaga con los bienes de este mundo y olvida cuál es la verdadera riqueza, la interior?

XXV

El secreto masónico

ucho se ha discutido y polemizado a propósito del famoso «secreto masónico», hasta el punto de que incluso se ha llegado a pensar y a escribir que no hay tal secreto, y no en un escrito profano, moderno o contrario a los misterios, sino en un texto profundamente esotérico. En un sorprendente manuscrito alquímico titulado *Concordancia Mito-Físico-Cábalo-Hermética*, el discreto autor llega a decir que las sociedades francmasónicas fueron formadas por aprendices y compañeros que nunca lograron la maestría, y que en estas «nuevas escuelas bajo el nombre de *logia* […] enseñaron tras la sombra del misterio lo poco que su falta de atención les había permitido retener de las lecciones de sus maestros…». Este autor escribe también que:

> En la medida en que estas logias se han alejado de su origen, se han alejado también del verdadero sentido que los primeros fundadores habían podido dar a ciertas palabras de las que hoy no se tiene ni la más remota idea. Estas palabras, que ya no significan nada, se han convertido en sus secretos…

Fabre du Bosquet o Saint Baque de Bufor, autor de estas acusaciones, vivió en el siglo XVIII.[1] Posiblemente hoy en día tenga aún más razón que entonces, dado el desinterés por el simbolismo y la ignorancia de lo iniciático que impera en la mayoría de logias masónicas, lo cual, por otra parte, no deja de ser lógico si tenemos en cuenta que el mundo avanza hacia el final de Kali Yuga.

Sin embargo, sí hay un secreto, un secreto que se protege a sí mismo.[2] Se trata de un secreto cuya aparente locura «excluye a los orgullosos, a los codiciosos y a los impíos»,[3] puesto que «Todo lo que es público se envilece y se pierde» y «Todo lo que permanece secreto guarda su virtud y su precio».[4]

Como ya sostenía Plutarco de Queronea, el secreto otorga valor a lo que se transmite o enseña: «El secreto aumenta el valor de lo que se aprende; demasiada claridad envilece lo que es enseñado».[5] Tal es la didáctica del secreto: proteger. Y, paradójicamente, protege tanto a lo que se enseña como al que enseña y al que aprende.

---

1. Véase *Concordancia Mito-Físico-Cábalo-Hermética*, Ediciones Obelisco, Barcelona, 1986, pág. 57.
2. Como escribe René Guénon, «los verdaderos misterios se defienden por sí solos contra toda curiosidad profana; su naturaleza misma los protege contra todo atentado de la necedad humana...». *Orient et Occident*, Éditions Traditionnelles, París, 1924, pág. 173.
3. Véase Louis Cattiaux, *El Mensaje Reencontrado*, Ed. Sirio, Málaga, 1978, II, 91'.
4. Véase Louis Cattiaux, *op. cit.*, III, 79.
5. Plutarco, *Sobre la vida y la poesía de Homero*, cap. 92.

Si ciertas cuestiones son secretas, es únicamente a causa de la incapacidad del profano para entenderlas debidamente. No hay una voluntad del secreto por el secreto, como podemos ver en el ritual del 12° grado, cuando, a la pregunta de si «sería un mal que un hombre capacitado para comprenderlo "atrape" nuestro secreto», se ofrece una respuesta clara y contundente: «sería un gran bien, pues supondría un hermano más».

Como escribía René Guénon:

> ... insistiremos sobre todo en el hecho de que la iniciación masónica, como, por otra parte, toda iniciación, tiene como fin la obtención del Conocimiento integral, que es la gnosis en el verdadero sentido de la palabra. Podemos decir que es este Conocimiento mismo el que, propiamente hablando, constituye realmente el secreto masónico, motivo por el que este secreto es esencialmente incomunicable.

La palabra «secreto» se decía en griego *mysterion*, del verbo *myo*, «yo cierro». De ella derivan términos como «mística» o «mistificar», o sea embaucar. Hay que tener mucho cuidado con los misterios, o con lo que se vende como misterios. El *Mistes* es «el que cierra los ojos» para aprehender realidades que no se captan a la luz del día, con los ojos abiertos. Es uno de los sentidos de la venda de la iniciación al grado de aprendiz: para penetrar en el misterio los ojos tienen que ir vendados. Como escribe el cabalista y poeta Mario Satz, «En el ver real, incluso con los párpados cerrados, las pupilas captan lo que les corresponde».

En sus *Saturnales*, Macrobio escribía que

> los principios ocultos, que emanan de la fuen-
> te de la verdad, no está permitido formularlos
> ni siquiera durante las ceremonias sagradas;
> pero si alguien los alcanza, ha de guardarlos
> ocultos en el interior de su alma.[6]

Aun así, muchos han sido los autores masónicos o parama-
sónicos que se han esforzado en describir el secreto, exhi-
biendo de este modo su ignorancia del mismo.

Algunos masones salen airosos de las críticas afirmando
que su secreto «es indecible porque ha de ser vivido». Sin
duda esto es cierto, pero ¿cuántos lo viven real y operativa-
mente en la actualidad?

Salvo honrosas excepciones, la mayoría de masones
actuales son únicamente «especulativos» que han olvidado la
importancia de ser «operativos». Para nosotros no existe una
oposición entre ambos conceptos, que son como dos polos de
una misma cosa, si bien reconocemos que la masonería «especulativa» «aumenta» a medida que «disminuye» la «operativa».

Existe sin embargo la idea, desgraciadamente muy exten-
dida, de que la masonería especulativa es una suerte de
«evolución» a partir de la masonería operativa; como escribe
René Guénon:[7]

---

6. Macrobio, *Saturnales* I, 18, 236.
7. En sus *Aperçus sur l'Initiation*, Études Traditionnelles, París, 1946,
   cap. XXIX. (Existe una versión española –Buenos Aires, 1993–,
   nada recomendable.)

> ... la opinión más extendida podría formular-
> se así: los masones «operativos» eran exclusiva-
> mente hombres de oficio; poco a poco, «acepta-
> ron» entre ellos, a título honorífico en cierto
> modo, a personas extrañas al arte de construir;
> pero, finalmente, ocurrió que este segundo ele-
> mento devino predominante, y es de eso de
> donde resultó la transformación de la maso-
> nería «operativa» en la masonería «especula-
> tiva», que ya no guarda con el oficio más que
> una relación ficticia o «ideal». Esta masonería
> «especulativa» data, como se sabe, de comien-
> zos del siglo XVIII...

El paso de lo operativo a lo especulativo, como también nos explica Guénon, «lejos de constituir un "progreso" es «exactamente lo contrario desde el punto de vista iniciático».

Es más, creemos, apoyándonos en la etimología misma de «especulativo», que la «especulación» es y debe ser previa a la «operación», al «operar», como el *ora* es previo al *labora*.

«Especular», del latín *speculor*, significa «acechar, atisbar». Atisbar es ver,[8] pero solamente por unos instantes, «con cuidado, recatadamente». Se trata de una idea que aparece a menudo en la Cábala, particularmente en el *Zohar*.[9]

El «especulativo» se podría comparar con el novio, que goza de «vislumbres», a menudo a hurtadillas, de la belleza de su amada, pero que aún no la posee. El «operativo», que

---

8. Seguramente «atisbar» proceda de «avistar». Tenemos aquí la idea de «ver», pero también la de «ver desde lo alto», como un ave.
9. Véase *Zohar* II, 90.

no es diferente del «especulativo», ya está casado y puede gozar de la unión completa con la amada. Como podemos leer en el *Zohar*:

> Cuando la *Torah* aparece fuera de su estuche y se esconde inmediatamente de nuevo, lo hace sólo para aquellos que la conocen y tienen confianza en ella, pues la *Torah* es como una amada bella y bien hecha, que se esconde en una pequeña habitación retirada de su palacio. Tiene un único amante, que nadie conoce y que permanece oculto. Por amor hacia ella, este amante pasa siempre delante de la puerta de su casa y, buscándola, mira por todas partes. La amada sabe que su amante va y viene sin parar delante de la puerta de su casa, y que mira por todas partes buscándola, sabe que el amante asedia constantemente la puerta de su casa. ¿Qué hace (ella)? Abre una pequeña hendidura en la habitación oculta en la que se encuentra, y por un instante desvela su rostro al amante, escondiéndose inmediatamente de nuevo. Todos los que, por ejemplo, estuvieran al lado del amado, no verían nada. Sólo el amado la ve y todo en él, su corazón y su alma, se vuelve hacia ella, y sabe que, por amor hacia él, se ha dejado ver un instante y ha ardido de amor por él.
>
> Lo mismo ocurre con la *Torah*. No se revela más que a aquel que la ama. La *Torah* sabe que el sabio de corazón camina cada día hacia la puerta de su casa. ¿Qué hace (ella)? Muestra su cara fuera de su palacio oculto y le hace una

señal, luego regresa enseguida a su lugar y se esconde. Todos los que se encuentran allí no lo ven y no lo saben, salvo el sabio de corazón, y todo en él, su corazón, y su alma, se vuelve hacia ella. Por esta razón, la *Torah* está visible y escondida al mismo tiempo, y va llena de amor hacia el amado, despertando en él su amor... Solamente entonces, el verdadero sentido de la *Torah*, tal y como es, se le vuelve claro, con su texto literal, al que no se puede añadir ni sustraer ninguna palabra. Por esto es necesario que los hombres estén atentos en seguir (o escrutar) a la *Torah*, para convertirse en sus amados, como está escrito.

A algunos les podrá parecer exagerada o fuera de lugar esta comparación. Ciertamente es arriesgada, pero creemos que de nuevo la Cábala nos sugiere la clave para entenderla:

El Santo, bendito sea, consultó la *Torah* y creó el mundo.[10]

El verbo que se traduce como «consultó» es *Meabit* (מביט), de la raíz *Mabat* (מבט), que significa «ojeada, vistazo», y coincide plenamente con la idea de «atisbo» contenida en *speculor*.

Todo ello nos proporciona una lección magnífica que ya nos enseñaba san Pablo en la *Primera Epístola a los Corintios*,[11] cuando escribía:

---

10. *Bareshit Rabbah*, I, 1.
11. Véase I *Corintios* XIII, 12.

Ahora vemos por un espejo y oscuramente, pero entonces veremos cara a cara.

¿Qué veremos? Es difícil de decir desde este mundo caído, pero, sin duda, algo que tiene mucho que ver con el secreto masónico. Como dice un famoso aforismo latino, «el espejo devuelve a cada cual lo suyo».

El zodíaco del templo

l zodíaco que aparece en el Templo y su simbolismo podrían ser objeto de todo un libro, aunque son realmente pocos los trabajos que los hermanos masones le han dedicado.

Como cualquiera de los símbolos que aparecen en el
Templo masónico, el zodiacal puede ser objeto de múltiples
interpretaciones; sin embargo, al ser una representación del
macrocosmos, nos remite al microcosmos, al hombre, como templo del Espíritu Santo. De alguna manera, el hombre es el zodíaco, y conocer al zodíaco es conocer al hombre y su destino.

En el *Libro del Aprendiz* de Oswald Wirth aparece una descripción de los elementos necesarios del Templo para el trabajo de primer grado. Al final de este texto se hace una descripción de los componentes del Templo del aprendiz, entre
los cuales se incluye la cadena de unión, que puede ser
hecha con un lazo que debe tener 12 nudos, «para corresponder así a los signos del zodíaco».

Por otra parte, en el *Manual del Aprendiz* de Lavagnini
(*Magister*), se alude a los capiteles de doce columnas «distri-
buidas así: seis en el lado Norte y seis en el lado Sur, simbo-

lizando los seis signos ascendentes y los seis signos descendentes del zodíaco».

El templo es el hombre

«... nosotros los templos los construimos
en nuestros corazones.»

RITUAL DE INSTRUCCIÓN
DEL CABALLERO DE ORIENTE

ouis Claude de Saint Martin, en su *Tableau naturel des Rapports qui existent en Dieu, l'homme et l'Univers* (1782) defiende la idea de que el hombre es el verdadero Templo. Ésta nos parece la clave para entender la mayoría de símbolos masónicos.

La idea del Templo destruido, asociada por los cabalistas con la caída, y la de la reconstrucción del Templo, nos lleva al concepto de regeneración. Si el hombre fue creado, ahora ha de ser «recreado». Este trabajo no se realiza de un modo exterior, ya que es un trabajo interno, el trabajo interior por excelencia, que se realiza en el corazón. Como puede leerse en el *Ritual de Instrucción del Caballero de Oriente o de la Espada o Caballero Masón Libre,*

A falta de terreno, nosotros los templos los
construimos en nuestros corazones.

Sin duda, el lugar donde más claro queda que el Templo es el hombre es en la *Primera Epístola de san Pablo a los Corintios* (*III, 16-17*):

¿Acaso no sabéis que sois templo de Dios y que el Espíritu de Dios habita en vosotros? Si alguno destruye el templo de Dios, Dios lo aniquilará. Porque el templo de Dios es santo, y ese templo sois vosotros.

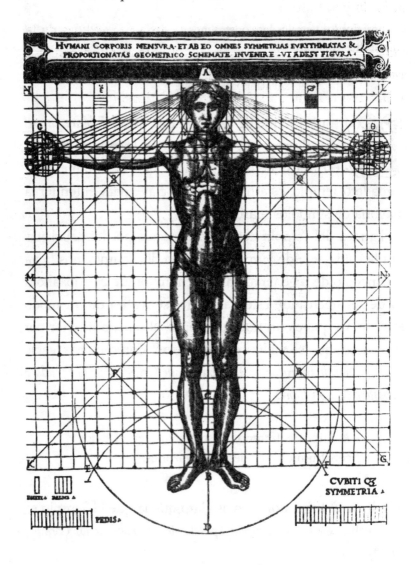

El Hombre, con mayúscula, es el Templo por excelencia. El hombre caído no es más que una miserable cabaña, que puede, sin embargo, ser transfigurada en palacio, una piedra bruta que ha de ser pulida para que pueda manifestar todo su brillo y toda su luz.

No deja de ser curioso que la mayoría de medidas de la construcción sean antropométricas y aludan al hombre: *pie, mano, brazo, palmo, codo, dedo, pulgada*, etc. Pero, ¿no es ésta una indicación más de que el Templo es el Hombre?

XXVIII

El Gran Arquitecto del Universo

L a expresión «el Gran Arquitecto del Universo» es patrimonio de la masonería; sin embargo, su origen quizá debamos buscarlo en la Cábala o, al menos, ésta pueda aportarnos algo de luz a la hora de entender su sentido más profundo.

Comentando la expresión bíblica que acaso haya hecho verter más ríos de tinta a los cabalistas, *Bereshit* (בראשית), el primer capítulo del *Midrash Rabbah* dice:

> En el principio creó Dios (*Génesis* I, 1). Rabbí Osayah comenzó (su discurso): junto a él estaba yo como artífice (*Amón*) y era sus delicias día a día (*Proverbios* VIII, 30).[1] Amón significa «peda-

---

1. Señalemos que esta frase puede relacionarse con la cadena de unión masónica. La Cábala nos explica que el pueblo de Israel fue «sacado» de Egipto a pesar de sus pecados «gracias a su unión», que está reflejada en un conocido aforismo: *Derej Tovim Israel Arevin Zeh vaZeh*, «un pueblo de buenos es Israel, solidario el uno con el otro». *Tovim*, «buenos» se refiere a hombres «de buenas costumbres», y «solidarios» alude a la fraternidad.

gogo»,[2] Amón significa «cubierto», Amón significa «oculto» y hay quien dice que Amón significa «Grande».

Y más adelante, en el mismo capítulo:

> Otra interpretación: Amón significa «artesano». […] cuando un rey de carne y hueso construye un palacio, no lo construye exclusivamente con su habilidad, sino valiéndose de la destreza de un arquitecto.

En esta misteriosa palabra, *Amón* (אמון), podemos encontrar numerosas alusiones al Gran Arquitecto del Universo. La primera como *artífice*, o sea aquel que «hace» el arte, es decir, al Alquimista. Esta expresión está tomada del libro de los *Proverbios* y tiene una guematria curiosa, 97, la misma que la de *Zman* (זמן), «tiempo», y la de *Afui* (אפוי), «cocido».

Aparentemente, la segunda acepción nos presenta a *Amón* (אמן) como «Maestro», aludiendo al verbo *Imén* (אמן), «instruir, enseñar», pero sin duda haya que ver más la idea de «criar» *Amán* (אמן), sobre todo si tenemos en cuenta que en este mismo *Midrash* lo vemos relacionado con «como lleva la nodriza *Omen* (אומן) al niño de pecho».[3] Dios, el Gran Arquitecto del Universo, no sólo da la vida, también la mantiene.

---

2. El texto del *Midrash* utiliza aquí una palabra tomada del griego. El sentido de «pedagogo» es el de Maestro.
3. Véase *Números* XI, 12.

La tercera acepción que nos ofrece el *Midrash*, la de «cubierto», en el sentido de «vestido» procede de un juego de palabras entre *Amán* (אמם), «criar», y *Amonimin* (אמוים) tal como aparece en *Lamentaciones* IV, 5. La mayoría de traducciones lo resuelven como «los que se *criaron vistiendo* púrpura…».

Amón también significa «oculto», y aquí el *Midrash* lo explica recurriendo a *Ester* II, 7: «y había criado a Hadasa…» en el sentido de que la había escondido. No se trata tanto de «ocultar» como de «recubrir».

Pero, sin duda, la acepción más sorprendente es la que nos dice que *Amón* significa «grande». Si bien el término que utiliza aquí el *Midrash* es *Rabata* (רבתא), de la raíz *Rab* (רב), «mucho, numeroso», «grande» se dice en hebreo *Gadol* (נדול), de la raíz *Gad* (נד) que, como ya hemos visto, puede relacionarse con *God*, «Dios».

La idea de Dios como un arquitecto, que se inspira en la *Torah* para crear el mundo, la volveremos a encontrar desarrollada en muchos textos cabalísticos que se basan, en su mayoría, en este *Midrash*.

La Cámara de Reflexión

ntes de poder entrar en el Templo, el neófito que va a ser iniciado es conducido por el Hermano Experto a la Cámara de Reflexión, en la que permanecerá un lapso de tiempo indefinido. Es la llamada «prueba de Tierra» o «visita al interior de la Tierra». De algún modo es como un alto en el camino de su vida, en el que se detendrá para hacer un balance existencial y programar su vida para que, a partir de ese momento, las pasiones que puedan asaltarlo sean sofocadas por la razón.

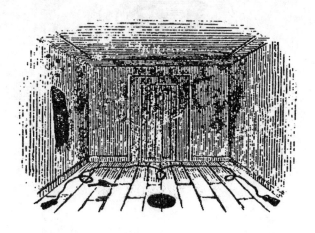

Allí se va a encontrar con unos símbolos en los que tendrá que meditar, especialmente la sigla V.I.T.R.I.O.L., procedente de la tradición alquímica, que ha sido interpretada como «VISITA EL INTERIOR DE LA TIERRA, RECTIFICANDO HALLARÁS (*Invenies*) la PIEDRA (*Lapidem*) OCULTA».

En la Cámara de Reflexión asimismo encontrará tres pequeños recipientes que contienen azufre, mercurio y sal, los tres principios alquímicos.

Otros símbolos con los que entrará en contacto son una jarra de agua, un trozo de pan, un cráneo, un gallo y un reloj de arena.

Cada uno de estos símbolos nos brinda numerosos significados. El gallo, por ejemplo, que suele interpretarse como símbolo de vigilancia, también lo es de la resurrección.

El testamento masónico

l neófito que va a ser iniciado va a vivir simbóli-camente una muerte y un renacimiento. En la Cámara de Reflexión ha de redactar su testamento, pero, dado que se trata de una «muerte filosófica», es lógico que el testamento tenga también este cariz.

En su *Ritual del Aprendiz Masón*, Joseph Marie Ragon no habla explícitamente de testamento, y enumera únicamente las tres preguntas. En ello coincide con Edouard Plantagenet, que considera que la contestación de éstas constituyen en realidad el testamento.

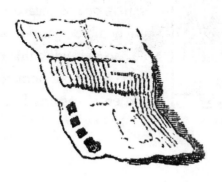

La idea de «testar» se relaciona con demasiada frecuencia únicamente con el acto de dejar unos bienes a nuestros descendientes o a las personas o instituciones que hayamos decidido van a administrarlos y disfrutar de ellos después de nuestra muerte. Sin embargo, el sentido de «testar», del latín *testor*, «declarar como testigo» es mucho más amplio. La idea de testamento también tiene un cariz sexual, ya que *testamentum* asimismo significa «pacto», palabra que en hebreo, *Briah* (ברית), quiere decir «circuncisión». En la antigüedad existía la costumbre de tocarse los testículos (palabra cuya etimología es la misma que testamento) como garantía de un compromiso. De este modo, los testículos eran los testigos de su pacto. También existe la

LA · PAPESSE

leyenda de que, después de un cónclave, cuando ya se había elegido al cardenal que sería investido como papa, éste era sometido a una prueba que realizaba otro cardenal y consistía en que este último debía tocarle los genitales al nuevo papa para asegurarse, y testificar luego ante los demás, que se trataba realmente de un hombre, evitando así el fraude de haber elegido a una mujer que se hacía pasar por hombre, como ocurrió en el caso de la papisa Juana.

XXXI

Los instrumentos y las máquinas

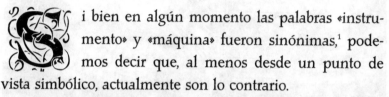 i bien en algún momento las palabras «instrumento» y «máquina» fueron sinónimas,[1] podemos decir que, al menos desde un punto de vista simbólico, actualmente son lo contrario.

La palabra «máquina» procede del latín *machina*, que deriva de una raíz sánscrita cuyo significado es «poder». Sin embargo, en algún momento tuvo un sentido que no podemos separar del simbolismo de la construcción: «máquina» significaba «andamio».[2]

Como señalaba René Guénon en la reseña de un artículo de Georges Olivier publicado en la revista *Compagnon du Tour de France*, «El útil», palabra que nosotros hubiéramos preferido traducir como «el instrumento», «El útil engendra el oficio; el oficio, las artes; en la Edad Media, oficio y arte eran sólo uno...» [...] «En el taller, el útil adquiere a los ojos del

---

1. Court de Gébelin, en su *Dictionnaire etymologique de la Langue Latine*, París, 1780, pág. 1063, define *Machina* como «machine, instrument».
2. Etimología señalada por Julio Concepción Suárez en su *Diccionario toponímico de la montaña asturiana*, Oviedo, 2001.

iniciado el valor de un objeto sagrado. ¿No es acaso el taller un templo donde se medita, se estudia, donde se cumple un trabajo: una parte de la obra universal?...»

Cuando el autor de este artículo relaciona al «instrumento» de los antiguos con las máquinas modernas, Guénon protesta:

> Tan sólo tenemos reservas a propósito de un punto: no es exacto decir que la máquina es un «instrumento perfeccionado», porque, en cierto sentido, es más bien lo contrario: mientras que el instrumento es de alguna manera una «prolongación» del hombre, la máquina reduce a éste a no ser más que su servidor, y si es cierto que «el instrumento engendra el oficio», no lo es menos que la máquina lo mata.

Louis Cattiaux tampoco parece estar muy convencido del maquinismo moderno cuando escribe:

> Las máquinas son estúpidas, y su estupidez siempre nos arrastrará demasiado rápido y demasiado lejos de la contemplación del Único y de su búsqueda santa.[3]
>
> ¿Hay algo más estúpido que la máquina? Y, ¿no estamos bajo el reinado de la máquina ciega y sorda? Y, ¿no adoramos a la máquina que nos mastica ciegamente?[4]
>
> El tiempo de las máquinas apenas empieza y todos están seducidos sin darse cuenta de que las máquinas son obras muertas que no producen más que la muerte.[5]

---

3. Véase Louis Cattiaux, *El Mensaje Reencontrado*, Ed. Sirio, Málaga, 1978, XXI, 8.
4. *Ibidem*, XXXIX, 30.
5. *Ibidem*, XXXIX, 32.

XXXII

La cuerda

s lícito comparar el simbolismo de la cuerda con el de la escalera, que expresa al mismo tiempo la idea de ascensión y de reconexión. Esta misma idea la encontramos también en la columna vertebral. Con todo, en la masonería, la cuerda se refiere a la cadena de unión que une a todos los masones.

En un antiguo ritual podemos leer:

> –Cuál es la longitud de vuestra cuerda? –Es tan larga como la distancia entre mi ombligo y mis cabellos más cortos.

A aquel que va a ser iniciado se le coloca una cuerda alrededor del cuello, que, según Jean Boucher, simboliza «todo aquello que vincula aún al profano con el mundo del que sale». Aun estando totalmente de acuerdo con esta interpretación, no podemos dejar de citar la de Francisco Ariza, que nos parece profundizar más en el tema: «...al mismo tiempo, la cuerda que le anuda representa un símbolo del "lazo iniciático", o del "cordón umbilical" sutil que liga al masón con su Principio, unión que sólo se hace efectiva una vez se ha asumido íntegramente la realidad sagrada y metafísica contenida en la enseñanza iniciática. Además, en llegar a comprender y encarnar esa realidad, en vivenciarla en uno mismo, consiste el verdadero "secreto masónico"*. De ahí que, en algunos antiguos manuales, se diga expresamente:

—¿Qué lazo nos une?
—Un secreto.
—¿Cuál es este secreto?
—La masonería.

Así, la cuerda simbolizaría el secreto. Recordemos que Ulises tuvo que atarse al mástil del barco para atravesar el mar de las Sirenas, como ya dijimos al hablar del despojamiento de las vestiduras (cap. XIII). Esta idea la encontramos también en la Cábala cuando se comenta el episodio de Abraham en su ida a Egipto. El *Zohar* (I, 112 b) lo describe así:

> El caso de Abraham puede compararse a un hombre que, deseoso de descender a una profunda sima y temiendo no poder subir luego a la superficie, de este modo está seguro de poder subir más tarde gracias a esta misma cuerda. Lo mismo ocurría con Abraham antes de su descenso a Egipto: se ató estrechamente a la fe, que le sirvió de cuerda y, gracias a esta cuerda, se atrevió a descender ante los hombres, pues estaba seguro de poder volver a subir gracias a esta misma cuerda.

Señalemos que la palabra *Emunah* (אמונה), «fe», tiene una guematria o valor numérico de 112, que coincide con el de IHWH-*Elohim*, ya que IHWH vale 26 y *Elohim* 86. Abraham se «ató», pues, al Nombre de Dios IHWH-*Elohim*, el Nombre de Dios completo, el que finalmente constituye y representa el Secreto. Recurriendo a un sistema de cálculo cabalístico denominado *Atbash*, descubrimos que también la paz, *Shalom* (שלום), tiene una guematria 112.

$$ש = 2 + ל = 20 + ו = 80 + מ = 10 = 112$$

XXXIII

La escuadra y el compás, y los misterios del número 7

Los dos símbolos más representativos de la francmasonería son, sin duda, la escuadra y el compás. No son, en modo alguno, privativos de los masones. Los podemos encontrar, por ejemplo, en la antigua China, refiriéndose respectivamente a la Tierra y al Cielo, o en la tradición hermética occidental, por lo menos desde comienzos del siglo XVII, en las manos del *Rebis* alquímico. Como todo símbolo, la escuadra y el compás se prestan a numerosas interpretaciones que no siempre se excluyen mutuamente, sino que se complementan.

Como ha señalado en repetidas ocasiones René Guénon,[1] el compás y la escuadra corresponden al Cielo y la Tierra. En inglés, la palabra «escuadra», *square*, se utiliza, como la china *fang*, para designar a la escuadra o al cuadrado indistintamente.

---

1. Véase a este respecto *La Gran Tríada*, Ediciones Obelisco, Barcelona, 1986, cap. XV.

La Tierra, representada por la escuadra, es «lo cuadrado», mientras que el Cielo, representado por el compás, es redondo. En el simbolismo masónico, el compás se encuentra situado arriba y la  escuadra abajo. A veces, en medio nos encontramos con la estrella flamígera, símbolo del hombre regenerado, que en la tradición china correspondería a *wang*, el rey-pontífice, que ostenta por la Tierra, o el Suelo, el poder material y por el Cielo el espiritual. Está en equilibrio perfecto entre el Cielo y la Tierra, a los que une como si fueran las dos partes opuestas y complementarias de un gran símbolo.

Si, como se dice en masonería, «el masón ha de colocarse siempre entre la escuadra y el compás», es precisamente porque el papel del hombre está entre el Cielo y la Tierra, actuando en cierto modo de intermediario. Reduciéndolo a un plano moral, podríamos decir que, en su conducta, el masón ha de ser recto (la escuadra) y generoso (el compás).

Debemos relacionar la escuadra no sólo con la rectitud, sino también con la virtud, como podemos deducir del *Ritual de Instrucción de Compañero*. Para el verdadero masón, la virtud y la rectitud son la norma. Curiosamente, en latín, escuadra se dice *norma*, del griego *gnomona*. Algo «enorme» es algo que excede la norma, algo desmedido, o sea que no ha sido medido o no puede ser medido.

Se asocia el compás con la luz de la maestría y con la perfección, pues es la herramienta que puede trazar el círculo perfecto.

Sabemos que en la antigua masonería operativa existían siete grados y dos grandes cuerpos: la masonería de la escuadra *(square masonry)*, o azul, y la masonería del arco *(arch masonry)*, o roja, la única que tenía derecho a la utilización del compás. Ambos cuerpos poseían siete grados, que en la masonería de la escuadra –de la cual deriva más directamente la masonería especulativa que, precisamente, aún hoy se llama azul– eran los siguientes:

I.er **grado**, o **grado de los Aprendices** (*Apprentices*), que, con el martillo, el cincel y la regla desbastaban la piedra bruta.

II.º **grado**, o **grado de los Compañeros** (*Fellows of the Craft*), que, con los mismos instrumentos que los aprendices, además de escuadra, nivel y plomada, escuadraban a la perfección la piedra bruta. Su nombre era *Giblim*.[2]

III.er **grado**, o **grado de los Super-Compañeros** (*Super-Fellows*), o Compañeros de la Marca, quienes, tras verificar la exactitud de la obra, marcaban con mallete y cincel la piedra escuadrada.

---

2. Que René Guénon relaciona con *Kibeles*, Cibeles.

IV.º grado, llamado **Lugar del Templo**, donde, sin emplear instrumentos metálicos, se disponían y erigían, según el orden establecido por las marcas, las piedras provenientes del grado anterior. En este grado se procedía, pues, a la construcción del Templo.

V.º grado, o **grado de los Superintendentes de los Trabajos**, cuyo nombre hebreo era *Menatzchim*, que tenían que ocuparse de instruir y vigilar a los Aprendices y Compañeros de grados inferiores.

VI.º grado, o **grado de aquellos que habían superado el examen de Maestro** (*Passed-Masters*), y cuyo nombre hebreo era *Harodim*, que no podían superar el número de quince.

VII.º grado, constituido por **tres Maestros Masones** en funciones, que respectivamente representaban al rey Salomón, a Hiram, rey de Tiro, y a Hiram-Abif, el Arquitecto.

 El número 7 que recoge la francmasonería es uno de los números más importantes en la Cábala. La cifra 7 es la guematria de *Gad*, palabra formada por las letras *Guimel* (ג) y *Dalet* (ד), nombre de una de las doce tribus, que generalmente se traduce como «buena fortuna»,[3] pero *Gad* también se puede leer como *God*, «Dios» en inglés.

---

3. Recordemos que, en el judaísmo tradicional, al contraer matrimonio, la pareja recibe siete bendiciones de buena suerte que contienen siete expresiones de alegría y regocijo.

Gad es asimismo el nombre del planeta Júpiter, llamado «el Gran Benéfico». En el texto bíblico *Gad* es también el nombre del cilantro.

En *Éxodo* XVI, 31 leemos que «el maná era semejante al grano de cilantro». *Gad* igualmente se refiere a un sabor amargo y picante, como es el del cilantro, sabor que sin duda le confiere sus propiedades hepáticas. Observemos que Júpiter corresponde, en astrología médica, al hígado.

El que sólo se considere que una logia está constituida como tal cuando se reúnen 7 hermanos es comprensible si consideramos que la logia es como la unión del Cielo (el compás) y la Tierra (la escuadra) o, mejor dicho, el Lugar donde éstos se reúnen (el Templo).

En hebreo «techo» se dice *Gag* (גג), escrito con dos letras *Guimel* (ג), mientras que «puerta» es *Deleth* (דלת) escrito con la letra *Daleth* (ד): el techo es el Cielo, «redondo», y la puerta es la Tierra, «cuadrada».

Es bastante sorprendente que ningún autor, al menos que nosotros sepamos, haya señalado la equivalencia, por lo demás evidente, entre la letra *Guimel* (ג) y el compás y la *Dalet* (ד) y la escuadra.

No es, por lo tanto, extraño encontrarnos con la letra G, que corresponde a *God* o a *Gad*, en medio de la escuadra y el compás.

XXXIV

El mazo y el cincel

n el transcurso de su iniciación le son presentados al neófito el mazo y el cincel, junto con la regla de 24 pulgadas. El mazo y el cincel le servirán para pulir la piedra bruta, trabajo que realizará durante el resto de su vida, las veinticuatro horas del día, como sugiere René Guénon. Realizar este trabajo de algún modo sacraliza las veinticuatro horas del día, en las que el masón ha de comportarse con rectitud.

A medida que se va puliendo, la piedra bruta va dejando adivinar sus 6 caras, que coinciden con las 6 letras de la palabra *Bereshit* (בראשית), cuya guematria, 913, puede relacionarse con la de la expresión *Bait haMakuth* (המלכות בית), la Casa del Reino, alusión al Templo por excelencia, cuya guematria también es 913.

El mazo representa la voluntad del aprendiz, que sería incapaz de hacer nada útil sin la ayuda del cincel, símbolo de la Inteligencia Superior. Boucher[1] señala que su forma recuerda a la de la letra *Tau* griega (T).

1. Véase Jean Boucher, *La Symbolique Maçonnique*, Éd. Dervy Livres, París, 1979, pág. 13.

XXXV
La iniciación

L a masonería es una sociedad iniciática y todo el acervo masónico está apoyado en la experiencia de la iniciación. Sin iniciación real y efectiva no hay verdadera masonería. La iniciación no es una cuestión dogmática que tenga que ver con creencias, es algo que ha existido desde que el hombre es hombre y que en la Cábala recibe el nombre de *Irat haShamaim*, «el temor de los cielos». No es algo que tiene lugar en el exterior, sino algo que acontece en el interior del corazón, representado por la logia. Con todo, como ha señalado René Guénon en numerosas ocasiones, no se trata de algo etéreo o místico, sino de la conexión con un elemento «no humano» capaz de producir un cambio cualitativo en el iniciado. Como ya sugería Plutarco en su *De Iside et Osiride*,[1] la esencia y el objetivo de las iniciaciones son siempre los mismos. Cambian las formas y las modalidades iniciáticas sólo en tanto que se adaptan a las épocas y lugares.

---

1. Véase *Isis y Osiris*, Ediciones Obelisco, Barcelona, 2006.

Como escribe Oswald Wirth en *El ideal iniciático* (1927):[2]

> Bien al contrario de las comunidades de cre-
> yentes, la Iniciación no impone artículo ningu-
> no de fe y se limita a colocar al hombre frente
> a lo comprobable, incitándolo a adivinar el
> enigma de las cosas.

La palabra *iniciación* deriva del latín *in ire*, que suele traducirse como «ir hacia». Preferimos ver en *in* la idea de interiori-
dad, de corazón, de centro, y en *in ire* un «ir hacia dentro».

Este viaje hacia el interior, hacia el centro, comienza en
la Cámara de Reflexión que, como el corazón, corresponde a
la caverna iniciática. Si antes de entrar en ella el candidato
ha de ser despojado de los metales es, entre otras cosas, para
sustraerse a las influencias astrales, ya que cada planeta se

---

2.   Véase Oswald Wirth, *L'ideal initiatique*, París, 1927, cap. II.

corresponde con un metal y, simbólicamente hablando, una influencia del exterior sólo podrá darse si «resuena» con su metal correspondiente en el interior.

La iniciación no es, pues, algo «vago y nebuloso», como creen algunos, algo «místico», sino, tal como nos explica René Guénon, «algo propiamente incompatible con el misticismo». Como si se hiciera eco de las palabras de Machado «se hace camino al andar», Guénon opina que «entrar en la vía, es la iniciación virtual; seguir la vía, es la iniciación efectiva».

Desgraciadamente muchos masones, a pesar de haber sido iniciados,

> se quedan en el umbral, no siempre porque ellos mismos son incapaces de ir más lejos, sino también, sobre todo en las condiciones actuales del mundo occidental, debido a la degeneración de algunas organizaciones que, convertidas únicamente en «especulativas»

como acabamos de explicar, no pueden por
esa misma razón ayudarlos de ninguna manera en el trabajo «operativo».[3]

---

3. En sus *Aperçus sur l'Initiation*, Éditions Traditionnelles, París, 1946,
cap. XXX.

XXXVI
La puerta masónica

l primer símbolo con el que va a encontrarse el masón es sin duda la puerta, que separa el templo del mundo exterior, o sea lo sagrado de lo profano. Pero la puerta no es únicamente «separación», es también el lugar de entrada, el punto por el que se puede hacer el tránsito del mundo de Occidente al de Oriente, del mundo tenebroso del profano al mundo de la Luz. Así, como todo símbolo fundamental, la puerta es un símbolo doble: por una parte facilita el acceso y, por otra, lo impide. De hecho cualquier símbolo es como una puerta, abierta para unos, pero cerrada para otros.

La puerta es una invitación, una provocación y su simbolismo es inseparable del de la iniciación. De hecho, el verbo *ineo* significa precisamente «entrar», «penetrar». El nombre de Jano, el dios de la iniciación a los misterios, proviene de *ianua*, «puerta». La relación simbólica y fonética que existe entre Jano y el dios hindú Ganesh ha sido desafortunadamente poco estudiada, pero los *pitri-yana* y *deva-yana* de la tradición hindú coinciden exactamente con la *Ianua inferni* y la *Ianua Coeli* latinas.

Los expertos en etimología hacen derivar el término español «puerta» o el francés «porte» del sánscrito *piparti*, «salvar, socorrer». Personalmente creemos que sería más preciso hacerlo provenir de *pitr*, «que protege», de donde con seguridad también procede el término «padre».

En hebreo existen varias palabras para referirse a la puerta. Entre ellas tenemos a:

Dal (דל): «puerta, pobre, indigente».
Delet (דלת): «puerta, verso, versículo».
Petaj (פתח): «puerta, entrada, matriz, menstruación, parte de la tierra que se puede arar».
Shaar (שער): «puerta, medida, capítulo».

Las tres primeras palabras nos exponen tres equivalencias simbólicas de la puerta: *pobre, versículo* y *matriz*.

Petaj, «matriz», deriva de un verbo que significa al mismo tiempo «abrir», «empezar» e «interpretar». Cuando los rabinos explican el significado de un versículo de la Escritura, lo «abren». Los *midrashim* suelen emplear el verbo *pataj* para referirse a la exégesis. Por otra parte, la palabra que los hebreos utilizan para designar a la llave procede de esta misma raíz. *Mafteaj* (מפתח) significa «llave, medio para comprender, clave para interpretar una escritura». Ello nos indica que, de algún modo, la puerta y la llave son de la misma naturaleza.

En el *Manuscrito de Edimburgo* (1696) podemos leer:

> —¿Donde podría hallarse la llave de vuestra
> logia? —A tres pies y medio de la puerta de la
> logia, bajo un montículo verde. También bajo
> el pliegue de mi hígado, allí donde yacen todos
> los secretos de mi corazón.

Y más adelante:

> —¿Cuál es la llave de vuestra logia? —Una len-
> gua bien puesta. —¿Dónde está esa llave? —En
> la caja de hueso.[1]

Constataremos, además, que si la puerta se puede asociar simbólicamente con lo femenino (reflejada en el otro sentido de *petaj*, «matriz, menstruación») y con los versículos de la

---

1. Esta «caja de hueso» está representada por la calavera de la Cámara de Reflexión.

Escritura, o sea la letra (reflejada en *Delet*, «puerta, versículo»), la llave parece corresponder a lo masculino (que ha de fecundar a lo femenino) o al Espíritu (que ha de vivificar a la letra). Son, de algún modo, el corazón, *Lev* (לב) y el hígado, *Keved* (כבד), que corresponde a la gloria, *Kavod* (כבוד). La guematria de *Lev* (לב) y la de Kavod (כבוד) es la misma, 32.

La lengua, órgano de la palabra, puede servir para abrirnos las puertas del Templo o para cerrárnoslas. Es lo que en la Cábala se conoce respectivamente como *Lashon haTov*, la buena lengua, y *Lashon haRa*, la mala lengua, la maledicencia. Entre los antiguos egipcios (quienes usaban llaves de madera que tenían precisamente forma de lengua) la persicaria, cuyo fruto tiene forma de corazón y las hojas la de una lengua, tenía un carácter sagrado.[2]

Símbolo, pues, de la letra, de la Escritura, de la buena tierra que ha de ser penetrada por el arado para dar sus frutos, la puerta precisa de la llave correcta para que podamos penetrar por ella.

La unión de la puerta y la llave, como la de lo masculino y lo femenino o, cabalísticamente hablando, de la letra *Guimel* (ג) y la letra *Dalet* (ד), corresponde a la unión del compás y la escuadra.

En el simbolismo masónico la puerta está situada en el Occidente del Templo. Occidente procede del verbo *occido*,

---

2. Véase Plutarco, *Isis y Osiris*, Ediciones Obelisco, Barcelona 2006, cap. 68.

-ere, que significa «matar». Sin embargo, el sentido original de esta palabra era «cortar en trozos». Nos hallamos aquí ante una idea que el esoterismo egipcio conocía muy bien: el desmembramiento de Osiris por parte de Set. Se trata de una alusión al hombre caído, al profano que ha de pasar por la puerta de la iniciación para regresar al estado adámico. De alguna manera corresponde también al Finisterre del Camino de Santiago, el lugar más occidental de la península Ibérica: es el final de la tierra, de lo material, y el punto de entrada, de penetración en el ámbito de lo espiritual.

El paso de lo profano a lo sagrado se realizará atravesando una puerta estrecha, lo cual requiere del profano una cualidad que los filósofos herméticos han definido como «la llave de su jardín secreto»: la humildad. Se trata de nuevo de la letra *Dalet* (ד), que además de «puerta», significa «pobre, indigente». Sin duda, el «pobre» se relaciona con la puerta porque es el que está en el umbral de ésta pidiendo limosna, o sea, solicitando ser admitido. La palabra «limosna», del griego *eleemosyna*, dará el nombre de *Elemosinario* al hermano hospitalario, encargado de recoger el dinero que los hermanos entregan para beneficencia. *Eleemosyna* es la traducción al griego del término hebreo *Tsedakah*, que es lo que el rico da al pobre que espera en el umbral y llama a la puerta de su casa.

El simbolismo del umbral es, pues, inseparable del de la puerta. El umbral, que para el profano evoca la idea de oscuridad, es para el futuro iniciado el lugar de la recepción por excelencia. «Umbral» procede de *umbra, -ae*, «sombra». Es el lugar del *asombro*, o sea del origen de la filosofía (Platón). La palabra «sombra», en hebreo *Tsel* (צל), alude al Don de Dios. La guematria de *Tsel* (צל), como ya vimos al hablar de Betsalel, es 120, un número recurrente en los escritos de los cabalistas, que coincide con los años que vivió Moisés, con los que Noé tardó en construir el arca o con el número de salmos que según el *Midrash* (*Vaiqra Rabbah* IV, 7) escribió el rey David.

Por otra parte, *Miptan* (מפתן), que en hebreo también significa «umbral», puede asociarse con *Peten* (פתן), «áspid, serpiente», animal que alude a los peligros que acechan al que pretende traspasar el umbral sin la conveniente preparación.

En sánscrito la sombra se llama *chaya*, término que podemos relacionar con *chayapatha*, la Vía Láctea, que se corresponde con el Camino de Santiago.

En el *Zohar* (I, 3 b) podemos leer que *Bereshit* es «la llave que lo encierra todo; ella es la que abre y la que cierra las seis puertas que dan acceso a las seis direcciones».

XXXVII

La puerta estrecha

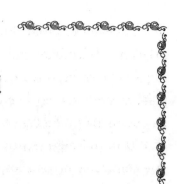

a puerta del Templo se encuentra en Occidente situada entre las dos columnas y ha de ser particularmente baja. Para penetrar por ella, el profano ha de agacharse, no tanto como signo de humildad sino «para marcar la dificultad del paso del mundo profano al plano iniciático», como sugiere Boucher.[1] Esta puerta, denominada también puerta de Occidente,[2] alude a los misterios iniciáticos relacionados con el norte. Podemos relacionarla con la puerta estrecha de la que habla el cristianismo, magistralmente descrita por Louis Cattiaux:[3]

> La puerta estrecha es como una ranura a ras de
> tierra; algunos bien la descubren, pero pocos

---

1. Véase Jean Boucher, *La Symbolique Maçonnique*, Éd. Dervy Livres, París, 1979, pág. 182.
2. Señalemos que este simbolismo aparece también en el ritual del grado n.º 13. Occidente, de *occido*, «matar», representa a la muerte. El número 13, que corresponde a la letra Mem (מ), decimotercera del alfabeto hebreo e inicial de Mavet (מות), «muerte».
3. Véase Louis Cattiaux, *El Mensaje Reencontrado*, Ed. Sirio, Málaga, 1978, pág. 74.

hombres están lo suficientemente desnudos como para pasar por ella sin trabas.

Plantagenet[4] nos explica que «el profano sólo puede penetrar en el Templo pasando por una "puerta estrecha y baja" que no puede franquear sin agacharse. Este gesto puede recordarle que, una vez muerto a la vida profana, renace a una nueva vida a la que accede de un modo parecido al niño que viene al mundo».

---

4. Véase *Causseries en Loge d'Aprentis*, pág. 52 y ss.

XXXVIII

Difundir la luz y reunir lo disperso

s obvio que uno de los trabajos del masón consiste en difundir la luz masónica en su vida de
cada día, sacralizándola por medio del rito y
de la sabiduría adquirida con su trabajo que, como hemos
visto (cap. XXIV), es su auténtico salario. «Vosotros sois la sal
de la tierra, vosotros sois la luz del mundo», leemos en el
Evangelio.[1] Estas palabras, aplicables a todo cristiano digno
de este nombre, son especialmente adecuadas para el
masón. Ésta es la idea de «difundir la luz», que el aforismo
que comentamos relaciona con «reunir lo disperso».

La dispersión se asocia con el exilio.[2] El exilio es desconexión, oscuridad, desorden. René Guénon, en un texto delicioso,[3] asocia la dispersión con «los miembros del *Púrusha*
['Hombre'] primordial, que fue dividido en el primer sacrificio realizado por los *Deva* al comienzo, y del cual nacieron,

---

1. Véase *Mateo* V, 13 y 14.
2. Véase Louis Cattiaux, *El Mensaje Reencontrado*, Ed. Sirio, Málaga, 1978,
   pág. 371.
3. Véase René Guénon, *Símbolos fundamentales de la Ciencia Sagrada*, trad.
   de Juan Valmard, Editorial Eudeba, Buenos Aires, 1979, pág. 260 y ss.

por esa división misma, todos los seres manifestados». Se trata, obviamente, de una descripción simbólica del paso de la unidad a la multiplicidad, que coincide con la que nos ofrece la tradición egipcia, acaso más cercana a la masónica. Guénon prosigue: «Ese *Púrusha* es idéntico a *Prajàpati*, el "Señor de los seres producidos", todos ellos surgidos de él y por consiguiente considerados, en cierto sentido, como su «progenitura»; es también *Visvakarma*, o sea el "Gran Arquitecto del Universo". En efecto, el término *Visvakarma*, que se puede traducir como «el que lo ha hecho todo», es el Arquitecto del Universo que la tradición védica equipara a *Agni*, el dios del fuego, o a *Tvasta* o *Twashtri*, el carpintero[4] padre de *Agni*.

Como escribe Guénon, «en la tradición hindú, *Agni*, en tanto que es el *Avatâra* por excelencia, tiene también a *Twashtri* como padre adoptivo cuando toma nacimiento en el Cosmos; ¿y cómo podría ser de otra forma cuando este Cosmos mismo no es otra cosa, simbólicamente, que la propia obra del "maestro carpintero"?».

Acudiendo a la tradición egipcia, «cuando se trata de "reunir lo disperso", puede pensarse inmediatamente en Isis cuando reunía a los miembros dispersos de Osiris; pero, pre-

---

4. Señalemos, de pasada, la relación entre Jesús y el fuego y la «coincidencia» de que su padre también hubiera sido carpintero. En el *Evangelio según Tomás* (log. 82) podemos leer: «Dijo Jesús: Quien esté cerca de mí, está cerca del fuego; quien esté lejos de mí, está lejos del Reino».

cisamente, en el fondo, la dispersión de los miembros de Osiris es lo mismo que la de los miembros de *Púrusha* o de *Prajàpati*: no son, podría decirse, sino dos versiones de la descripción del mismo proceso cosmogónico en dos formas tradicionales diferentes».

Osiris es asesinado por su propio hermano (Set-Tifón), el cual, para borrar toda huella de lo sucedido, lo desmembra y disemina los miembros del cadáver. Tifón deriva de la raíz *tufein*,[5] que significa «humo» y «cegar»: está cegado por su propia ignorancia, que es como humo.

En la tradición cabalística encontramos la misma idea en el concepto de *Adam Kadmon*, el Hombre Primordial.

Con lo que Guénon concluirá magistralmente que «reunir lo disperso» es lo mismo que «recobrar la Palabra Perdida», pues en realidad, y en su sentido más profundo, esa «Palabra Perdida» no ́ es sino el verdadero nombre del «Gran Arquitecto del Universo».

La cábala judía nos ha legado un antiguo proverbio cuyo origen hemos de buscar en el Talmud: «Tonto es aquel que pierde lo que se le ha dado». El hombre actual, como el Loco (*Le Mat*) del Tarot, es tonto, pues ha perdido lo que se le dio: la Palabra. Toda su vida es una búsqueda inconsciente de esta Palabra y ésta es la razón de que a este naipe se le atribuya el sentido de «extravío» e «inconsciencia».

---

5. De aquí vendría la palabra española «tufo», vapor hediondo que se levanta de la tierra.

En la mitología egipcia se consideraba que Osiris era la Palabra Sagrada que Tifón despedazó y dispersó. La idea masónica de «reunir lo disperso» coincide, pues, plenamente con el trabajo de la diosa Isis, «herma-

na» de Osiris. La mitología nos enseña que logró reunir todos los trozos dispersos del dios menos uno: su miembro viril. Esto nos enseña que el cuerpo queda «recompuesto» sin la «sexualidad impura», coincidiendo en cierto modo con el simbolismo judío de la circuncisión, *Brit Milah. Milah* (מילה) quiere decir, precisamente, «palabra» y *Brit* (ברית), «alianza».

La venda

l simbolismo de la venda, escribe Jules Boucher, «que tan elemental parece, es uno de los más profundos de toda la masonería». Vamos a intentar ver por qué.

En la preparación del aspirante a aprendiz en el primer grado, se le tapan los ojos con una venda que le será quitada en el momento en que «reciba la Luz». La venda representa al hombre profano, al hombre terrestre, que no es capaz de ver la Luz. Cuando esta venda le es quitada vive la experiencia iluminadora objeto de la iniciación.

Privándole del sentido de la vista por medio del vendaje, lo que se nos está diciendo es que la experiencia por la que va a pasar es una experiencia oculta, la misma que Ulises en el mar de las Sirenas o que Abraham en Egipto. Sin embargo, la venda no sólo impide el acceso a la Luz; de algún modo también protege al profano de ésta, como escribe Louis Cattiaux:

> Si no vamos audazmente hacia el Señor con
> los ojos cerrados, el Señor no vendrá a nosotros
> y no quitará la venda que nos ciega y que pro-

tege nuestra aproximación a la luz asombrosa del Único.[1]

Observemos que «ir con los ojos cerrados» es moverse impelido únicamente por la fe, esa misma fe a la que se aferraría Abraham para descender al pozo. Cattiaux parece insistir en el «audazmente», pues hay que ser realmente audaz para osar penetrar en el mundo de lo oculto. Finalmente, subrayemos que la venda «nos es quitada», que no podemos quitárnosla nosotros mismos.

El *Mystes* es «el que cierra los ojos» para aprehender realidades que no se captan con los ojos abiertos. Es uno de los sentidos de la venda de la iniciación al grado de aprendiz.

---

1 Véase Louis Cattiaux, *El Mensaje Reencontrado*, Ed. Sirio, Málaga, 1978, XXI, 20'.

Las tres joyas

n masonería se conocen seis joyas, las denomina-
das tres joyas móviles y las tres joyas inamovibles. Las tres joyas móviles son la escuadra, el
nivel y la plomada. Las tres joyas inamovibles, la pizarra, la
piedra bruta y la piedra cúbica.[1]

Como señala Boucher, cada joya es en realidad un pen-
táculo y tiene una influencia energética sobre el que la lleva.
Refiriéndose a las doce luces, el ritual del *Manuscrito Graham*
(1726) decía:

> ... cuántas luces posee una logia?
> –Yo respondo 12.
> –¿Cuáles son?
> –Las tres primeras joyas son el Padre, el Hijo y
> el Espíritu Santo; el Sol, la Luna, el maestro
> masón; la escuadra, la regla; la plomada, el
> nivel, el mallete y el cincel.

---

1. Véase Jules Boucher, *La Symbolique Maçonnique*, Ed. Dervy Livres,
   París, 1979, pág. 310.

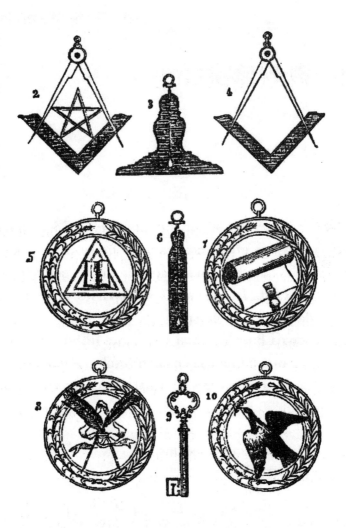

Joyas masónicas

XLI

Las Herramientas

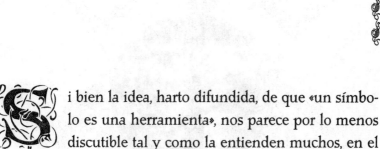

i bien la idea, harto difundida, de que «un símbolo es una herramienta», nos parece por lo menos discutible tal y como la entienden muchos, en el caso de la masonería, que adopta las herramientas de los antiguos constructores descubriendo y utilizando su valor simbólico, esta definición no podría ser más feliz.

La idea de «herramienta» o, mejor dicho, «instrumento» no es ajena a los cabalistas. En la palabra «herramienta» encontramos un deje «marciano» un tanto molesto, que sugiere la idea de «cortar» o «separar», no desprovista de un matiz de «violencia».[1] En el caso del «instrumento» podemos descubrir la noción de «instruir», del latín *instruo*, «unir, juntar».

El «instrumento» por excelencia es una de las Tres Grandes Luces, el Libro, la *Torah*. En los *Avoth de Rabbí Nathan* (cap. 39) se explica que «Israel es amado por Dios porque le

---

1. «En la construcción del templo se emplearon piedras totalmente labradas, así que al edificarlo no se escucharon en el templo *ni martillos ni piquetas ni ningún otro instrumento de hierro.*» (*I Reyes* VI, 7)

fue concedido *un precioso instrumento* con el que fue creado el mundo, según se dice: "buena enseñanza os doy, no abandonéis mi *Torah*".»

XLII

Las Tres Grandes Luces

as Tres Grandes Luces que iluminan el trabajo del masón, el Libro, la escuadra y el compás, se han hecho corresponder con el espíritu, el cuerpo y el alma. El Libro, o sea la Biblia,[1] «para dirigir y gobernar nuestra fe», la escuadra «para regular sobre ella nuestras acciones» y el compás «para trazar los límites que no debemos transgredir con respecto a ningún hombre, y más par-

---

1. Dependiendo de dónde esté la Logia, el Libro también puede ser la *Torah* judía, el Corán musulmán o los Vedas hindús.

ticularmente respecto a ningún hermano».[2] Es ésta una asociación que acaso peca de sencillez, pero desde luego no de
profundidad. Como escribía René Guénon en *La Gran
Tríada*,[3] a propósito de *spiritus, anima* y *corpus*:

> La división ternaria es la más general y al pro-
> pio tiempo la más sencilla que pueda estable-
> cerse para definir la constitución de un ser
> vivo, y en particular la del hombre...

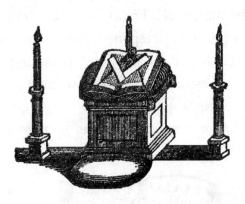

Algunos autores modernos han hecho coincidir las Tres
Grandes Luces con las tres *sefiroth* superiores, *Keter, Jojmah* y
Binah. Si bien es cierto que en la Cábala las *sefiroth* reciben la
denominación de *Oroth*, «luces», no hemos podido encontrar
ninguna referencia que lo justifique en los textos antiguos.

---

2. Véase *The Three distinct Knocks* (1760).
3. Véase René Guénon, *La Gran Tríada*, trad. de Francesc Gutiérrez,
    Ediciones Obelisco, Barcelona, 1986, pág. 93.

Con todo, el simbolismo del Libro es anterior a la masonería, e incluso a la Biblia. El Libro es el Grial. Como escribe René Guénon,[4] «el Graal es a la vez un vaso (*grasale*) y un libro (*gradale o graduale*)». Como el Grial, el Libro, expresión en lenguaje humano del Mensaje divino, hace la función de un espejo capaz de responder a la Pregunta esencial del hombre, la Pregunta con mayúsculas, pero, ¿cuántos lo consultan?

4.   Véase René Guénon, *Símbolos fundamentales de la Ciencia Sagrada*, trad. de Juan Valmard, Editorial Eudeba, Buenos Aires, 1979, pág. 16.

Capítulo XLIII
Las tres grandes verdades

lgunas logias, sobre todo de Sudamérica, consideran que las siguientes aseveraciones fueron establecidas hace muchos milenios en la antigua India y en el antiguo Egipto, que todavía son verdades del presente y lo serán del futuro:

1. El alma del hombre es inmortal y su porvenir es el destino de algo cuyo crecimiento y esplendor no tiene límites.

2. El principio que da la vida mora en nosotros, es imperecedero y eternamente benéfico. No se le ve ni se le oye, ni se le huele, pero lo percibe el hombre deseoso de percibir.

3. Cada hombre es su propio y absoluto legislador, el otorgador de su gloria o de sus tinieblas, el determinador de su vida, el que decreta su propio galardón o castigo.

Estas tres verdades son tan sencillas que no hace falta ser un experto en metafísica para comprenderlas, pues de algún modo están inscritas en el corazón humano.

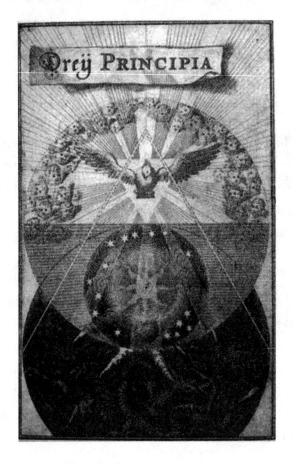

Jakob Boehme. *Los Tres Principios*

XLIV

Las tres preguntas

unque esta costumbre ya casi no se practica, antaño se le solían plantear al neófito tres preguntas sobre su relación con Dios, consigo mismo y con los demás:

«¿Qué le debe el hombre a Dios?»
«¿Qué se debe el hombre a sí mismo?»
«¿Qué le debe el hombre a sus semejantes?»

Las respuestas que nos dan nuestros antepasados son claras y precisas:

1) El hombre le debe su existencia a Dios, lo cual corresponde al versículo bíblico de *Génesis* XXVI, 1 que dice «Hagamos al hombre...».

2) El hombre se debe a sí mismo sinceridad, esto es, autenticidad, integridad. Según afirma un conocido tratado místico sufí, «la vía tradicional es la sinceridad». El neófito que quiere entrar en masonería ha de ser, ante todo, íntegro y sincero.

Como escribía Oswald Wirth[1] «la característica de la iniciación, de la verdadera, es su absoluta sinceridad; no engañar a nadie; he aquí su constante y principal preocupación».

3) El hombre ha de comportarse con los demás como le gustaría que se comportaran con él, siguiendo las enseñanzas de la *Torah* (*Levítico* XIX, 18) y del Evangelio (*Mateo* XXII, 37-39).

Vemos que en estas tres preguntas se repite un elemento: el hombre. Estas tres preguntas no son, en el fondo, sino una variación de la pregunta con la que se enfrentaba aquel que se encontraba con la Esfinge. Es la historia de Edipo, nombre que significa «pies hinchados».

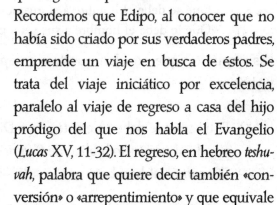

Recordemos que Edipo, al conocer que no había sido criado por sus verdaderos padres, emprende un viaje en busca de éstos. Se trata del viaje iniciático por excelencia, paralelo al viaje de regreso a casa del hijo pródigo del que nos habla el Evangelio (*Lucas* XV, 11-32). El regreso, en hebreo *teshuvah*, palabra que quiere decir también «conversión» o «arrepentimiento» y que equivale al griego *metanoia*, está representado en el Tarot de Marsella por la carta denominada «El Colgado». Señalemos la correspondencia simbólica de este naipe con Edipo, que fue encontrado col-

1. Véase Oswald Wirth, *L'idéal initiatique*, París, 1927, cap. I.

gado de un pie en un árbol por un pastor, el cual lo liberó y entregó al rey de Corinto, que lo adoptó como su propio hijo.

Los «pies hinchados» son una alegoría del hombre caído. El que estén «hinchados» alude más al enfado, a la ira que siente en este estado que al hecho de que estén heridos por la cuerda de la que Edipo fue colgado. Recordemos que estaba colgado de un solo pie; así pues, no podía tener hinchados los dos.

Edipo llega a la que era su ciudad natal, Tebas, y es detenido por un horrible monstruo, la Esfinge, que le lanza un acertijo. Si Edipo no lo resuelve, morirá. La Esfinge le pregunta: «Hay una cosa en la tierra que tiene dos, cuatro y tres pies, y su voz es única; solamente tienen diferente naturaleza los reptiles que se mueven en la tierra, en el aire y en el mar. Y esa cosa pierde la velocidad de sus miembros precisamente cuando con más pies camina». Edipo responderá a la malvada Esfinge: «Escucha de mi boca el fin de tus maldades. *Tu enigma ha pintado al hombre*, que cuando es niño sale de las cavernas maternas y se arrastra por la tierra en cuatro pies; cuando ha llegado a su perfección anda con sólo dos pies, y cuando alcanza la senectud, encorvado por el peso de los años, se apoya en su báculo, su tercer pie». Derrotada, la Esfinge se lanza a un precipicio y muere.

El triple enigma es, pues, el enigma del hombre que nos es propuesto a todos en esta vida. Como escribe Louis Cattiaux,

> Es inútil correr dando vueltas y agitarnos a diestra y siniestra para evitar tener que resolver el enigma de la vida y de la muerte que nos es propuesto aquí abajo, ya que el enigma subsiste y devora al final a los que no han podido resolverlo.

El enigma del hombre y su destino es el gran tema de la masonería.

XLV

Los tres viajes

omo señala de modo muy pertinente Jules Boucher, «el recipiendario no realiza *tres* viajes, sino *cuatro*. El primero es el que lo lleva de la Cámara de Reflexión a la puerta del Templo. Cuando ha llegado a esta puerta, *virtualmente ha nacido dos veces*». Durante su iniciación, el futuro aprendiz va a ser sometido a cuatro pruebas que no podemos dejar de relacionar con los cuatro elementos clásicos: la tierra, el aire, el agua y el fuego, y a tres viajes. En el transcurso de estos viajes va a ser purificado por los cuatro elementos que componen la famosa *tetraktys* pitagórica.

El misterio de los tres viajes es en realidad un misterio cabalístico. De algún modo, el que se considere tres viajes y no cuatro sirve para indicar que los tres grados, aprendiz, compañero y maestro, ya están virtualmente contenidos en la iniciación del aprendiz. Por otra parte, aunque

no hemos encontrado a ningún autor clásico que repare en ello, nos encontramos de nuevo ante una alusión al Nombre de Dios de cuatro letras, el famoso Tetragrama de la Cábala, IHWH, formado en realidad por las letras IHW (יהו).

Los tres viajes corresponden a tres de los cuatro elementos, como «el misterio de los tres puntos, *jolam, shuruk* y *jirik*, y cada cual fue incluido uno en el otro, fuego, aire y agua», del que nos habla el *Zohar.*[1]

1. El primer viaje corresponde al elemento aire. Se suele considerar que el futuro iniciado recibe el aliento de vida necesario para iniciar el camino que lo llevará ante el segundo vigilante. Este viaje finalizará entre columnas.
2. El segundo viaje corresponde al elemento agua y llevará al futuro iniciado ante el primer vigilante.
3. El tercer viaje, a través del elemento fuego, lo llevará ante el Venerable Maestro de la Logia, ante cuya presencia le será retirada la venda.

---

14. Véase *Zohar* I, 15 b, en *El Zohar* (traducido, explicado y comentado), Ediciones Obelisco, Barcelona, 2006, vol. 1.

Ragon[15] nos explica que, en la antigüedad, al aspirante se le hacía realizar unos viajes a través de subterráneos y no en el Templo. Al final de éstos se encontraba con la siguiente inscripción:

> Aquel que haya realizado estos viajes solo y sin temor, será purificado por el fuego, el aire y el agua y habiendo vencido el pánico a la muerte, estando su alma preparada para recibir la luz, tendrá derecho a salir del seno de la tierra y de ser admitido a la revelación de los grandes misterios.

Oswald Wirth considera que «el primer viaje es el emblema de la vida humana» y el elemento agua es «una especie de bautismo filosófico que lo lava de toda mancha». El ruido del primer viaje aludiría a «los combates que el hombre ha de sostener constantemente».

La prueba de fuego sería, según este autor, la de contemplar a la Reina de los Infiernos, es decir la verdad que se oculta dentro de uno mismo.

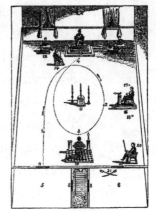

---

15. Véase *Cours Philosophique*, pág. 90.

XLVI

El despojamiento de los metales

Son numerosas las interpretaciones puramente morales del despojamiento, y entre ellas cabe destacar la de Amélie-André Gédalge, que opina que si al neófito se lo despoja de los metales es para enseñarle que todo se paga en este mundo y que no podemos esperar obtener nada sin dar nada a cambio. Se suele considerar que los metales, «cuyo brillo es engañoso», representan al dinero y las pasiones, y que despojarse de ellos es dejarlos a la puerta del Templo. Para algunos autores, este despojamiento querría decir que en la logia se ha de trabajar sin hacer ostentación de nuestra situación económica.

Algunos autores profundizan más y nos explican que los metales son los prejuicios; con prejuicios no es posible entrar en el Templo.

Es interesante observar que el neófito entrega al hermano preparador sus metales «al salir de la Cámara de Reflexión», justo antes de penetrar en el Templo.

En el pensamiento tradicional no se pueden separar los metales de los planetas, y los siete metales de los que hay que despojarse son en realidad los siete planetas cuya influencia hay que trascender para poder penetrar en el Templo. Es cierto que cada uno de estos metales o planetas está asociado a un pecado capital, pero el verdadero despojamiento de los metales no es únicamente de orden moral o material. Los siete pecados nos remiten a las pasiones, y como escribe Louis Cattiaux, «la verdad de Dios no coincide nunca con las pasiones del mundo» (MR VIII, 37).

METALES	PLANETAS	PASIONES
Oro	Sol	Orgullo
Plata	Luna	Pereza
Mercurio	Mercurio	Envidia
Cobre	Venus	Lujuria
Hierro	Marte	Cólera
Estaño	Júpiter	Gula
Plomo	Saturno	Avaricia

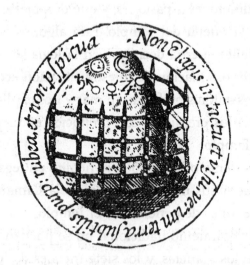

Los metales «prisioneros»

XLVII

El pelícano

unque lo hallamos en el simbolismo del grado 18, el pelícano es un símbolo esencialmente católico. Diversas leyendas nos explican que el pelícano puede llegar, en caso de necesidad, a alimentar a sus hijos con su propia carne, por lo que se lo ha comparado con Cristo cuando, en el momento de la Santa Cena, dice «ésta es mi carne».[1]

Las tres crías del pelícano se han hecho corresponder con las tres virtudes teologales: fe, esperanza y caridad. Sin embargo, en el simbolismo masónico del rito escocés, los polluelos son siete, suma de los tres anteriores y de los que representan a la prudencia, la justicia, la fortaleza y la templanza.

De alguna manera se puede establecer un paralelismo entre el pelícano, en hebreo *Sheknai* (שקנאי) y la Presencia Divina o, si lo preferimos, el aspecto femenino de Dios, la *Shekinah* (שכינה), un concepto nada ajeno al esoterismo masónico y de la construcción. Como escribe René Guénon:[2]

---

1. En realidad el Evangelio (*Mateo* XXVI, 26) dice «éste es mi cuerpo», pero la tradición católica ha conservado «ésta es mi carne».
2. Véase René Guénon, *El Rey del Mundo*, Ed. Fidelidad, Buenos Aires, 1985, pág. 26.

Hay que señalar que los pasajes de la Escritura donde se la menciona (a la *Shekinah*) muy especialmente son sobre todo aquellos donde se trata de la institución de un centro espiritual: la construcción del Tabernáculo, la edificación de los templos de Salomón y Zorobabel. Un centro como éste, constituido en condiciones regularmente definidas, debía ser en efecto el lugar de la manifestación divina, representado siempre como «Luz»; y es curioso señalar que la expresión de «lugar muy iluminado y muy regular», que la masonería ha conservado, parece ser un recuerdo de la antigua ciencia sacerdotal que regía la construcción de los templos...

Ello puede relacionarse con el *Proverbio* (IX, 1) que dice:

«La sabiduría ha tallado sus siete columnas».

Donde la sabiduría sería la *Shekinah* o el pelícano, y las siete columnas, las siete *sefiroth* inferiores o las siete virtudes, «hijas del pelícano». En la *parashah Vaiehí*, el *Zohar* nos enseña que:

> La *Shekinah* no descansa en lugar defectuoso o perturbado, sino solamente en un lugar adecuadamente preparado, un lugar de júbilo.

Este lugar es precisamente el Templo o, más concretamente, el «lugar muy iluminado y muy regular», denominado en la tradición cabalística *Luz* (לוז), palabra que significa «almendro».

XLVIII

Los números

l simbolismo numérico se remonta a la existencia de la escritura y podemos encontrarlo en todas las civilizaciones, no sólo en textos mágicos o esotéricos, sino también en los astronómicos y cosmogónicos.

Empezando por el ternario, que encontramos, por ejemplo, en los tres puntos o el triángulo, los números están presentes en toda la simbología masónica.

El rectángulo ocupado por la logia debería respetar las proporciones del número de oro, aunque desgraciadamente no siempre pueda ser así.

✓ El número 2 lo encontramos en las dos columnas, B y J, pero también en el blanco y el negro que alternan en el pavimento ajedrezado, en el Sol y la Luna o, incluso, en la presencia de un primer y un segundo vigilantes.

✓ El número 3, que como vimos está presente en los tres puntos o en el triángulo, es también el de las Tres Grandes Luces que de algún modo evocan al cuerpo, el alma y el espíritu. Podemos verlo también en los 3 grados de la masonería azul o, si queremos en los 33 (11 x 3) grados.

✓ El número 7, asociado con los siete planetas tradicionales, lo encontramos en el simbolismo del grado del maestro. Este número, en la simbología cabalística, alude a la letra *Zain* (ז) y a la espada. El otro número representativo de este grado, el 9, alude a la letra *Teth* (ח) y a los nueve meses del embarazo. La combinación de estos dos números nos da 63 (9 x 7 = 63), correspondiente a las casillas del iniciático Juego de la Oca.

XLIX

Shibbolet

La palabra de paso del grado de compañero es *Shibbolet.* El aprendiz la recibe para poder acceder al grado de compañero. Su origen es hebreo y procede del libro de los *Jueces* (XII, 5 y 6):

> ... y los Galaaditas se apoderaron de los vados del Jordán, enfrente del Efraím. Y cuando llegaba alguno de los fugitivos de Efraím diciendo: dejadme cruzar, los hombres de Galaad le decían: ¿eres efraimita? Si él respondía: no, entonces, le decían: di, pues, la palabra *Shibbolet*; pero él decía *Sibbolet,* porque no podía pronunciarla correctamente. Entonces lo apresaban, y lo mataban junto a los vados del Jordán. Y cayeron en aquella ocasión cuarenta y dos mil hombres de Efraím.

Este texto bíblico se halla en la base de la utilización de la palabra *Shibbolet* (שבלת) como contraseña, santo y seña o palabra de paso.

Shibbolet (שבלת) significa «torrente», «corriente de aguas bravas», y en el texto bíblico este término aparece relacionado con el Jordán que es, sin embargo, un gran río. Pero *Shibbolet* (שבלת) también significa «espiga». La guematria de esta palabra, 732, es bien conocida por los cabalistas, pues es la de la expresión *Efraim y Manasé* (אפרים ומנשה). Es también la misma que la de *LeShabat* (לשבת), «para el Shabat».

Algunos comentaristas cristianos modernos[1] han intentado una exégesis de este pasaje bíblico tan bien intencionada como errónea. En pocas palabras, vienen a decir que el que pronuncia *Sibbolet* en vez de *Shibbolet* es que no sabe decir la letra «h», que, como sabe cualquier cabalista, es la correspondiente de la *He* (ה), denominada la *He* (ה) de la Bendición, pero el problema es que en *Shibbolet* (שבלת) no hay ninguna letra *He* (ה).

La diferencia entre *Sibbolet* y *Shibbolet* se basa en el puntito que aparece en la inicial de esta palabra, la letra *Shin*, que puede leerse *Shin* (שׁ) o *Sin* (שׂ). En el primer caso está situado a la derecha y en el segundo a la izquierda. La letra *Sin* (שׂ), o sea la que tiene el puntito a la izquierda, es la inicial de Samael, el Diablo, mientras que la *Shin* (שׁ), la que tiene el puntito a la derecha es la inicial de *Shaddai*, el Todopoderoso.

---

1. En un artículo denominado «La contraseña de la salvación es la *h* del Espíritu», realizado por miembros de la denominada Iglesia de Ebenezer de Honduras.

Si consideramos que el punto es un símbolo del centro o del corazón, coincidiremos en que:

el corazón de un hombre sabio está a su derecha y el corazón del tonto está a su izquierda
(*Eclesiastés* X, 2).

Podríamos aventurar otra interpretación de *Shibbolet* (שבלת), sin duda muy arriesgada, pero que encierra un mensaje cabalístico sorprendente. Se trataría de dividir la palabra en dos, o sea en *Shub* (שב) «dar la vuelta» y en *Let* (לת), pero escribiendo *Let* (לת) con la letra *Tet* (ט) en vez de la letra *Tav* (ת). Así obtendríamos «dar la vuelta a *Let* o *Lot* (לט)», que para el *Zohar* representa la mala inclinación, y obtendríamos *Tal* (טל), palabra que significa «rocío» y que, según el Talmud, evoca al Mesías.

Trabajar «a cubierto»

L a idea de trabajar «a cubierto» está íntimamente relacionada con la de la puerta como protección. Ya vimos, al tratar el simbolismo de la puerta, que esta palabra podría derivar del sánscrito *pitr*, «que protege», de donde con seguridad también procede el término «padre».

En la logia sólo se puede trabajar «a cubierto», es decir, fuera de las miradas indiscretas de los profanos. Los trabajos se pueden iniciar, pues, cuando «el Templo está cubierto». El término «cubrir», que corresponde al *tuiler* francés, literalmente «recubrir con tejas», significa abrigar al Templo de la intemperie, cubrirlo de la lluvia, pero en sentido figurado es protegerlo de la intrusión de los profanos. Por esta razón se dice que «llueve» cuando hay un profano indiscreto escuchando.

Para trabajar «a cubierto», o sea de un modo «separado» del mundo profano, la puerta ha de estar cerrada. Pero la idea de «separación» encierra un sentido muy distinto al que habitualmente le solemos dar, sobre todo en el mundo profano. «Trabajar separado» o «a cubierto» es hacerlo *en* y *desde* el interior del Templo. Es, en pocas palabras, trabajar «santamente».

La Palabra Perdida, objeto de toda la búsqueda masónica, más que examinada desde el exterior ha de ser «penetrada santamente», y la verdadera «fraternidad», más que el resultado de una asociación, es el resultado de un nuevo nacimiento, un renacimiento en el Centro, como escribe Louis Cattiaux:

> Los hijos de Dios confraternizan en el centro de la «Única Maravilla», ya que sus enseñanzas son Una para los que penetran santamente la Palabra divina, en lugar de examinarla con curiosidad desde fuera.[1]

Así, trabajar «a cubierto» es trabajar *desde* el corazón y *en* el corazón, desde el Centro. Como también escribe Louis Cattiaux, es «el verdadero culto de Dios que se realiza en el corazón de los hombres» y no «en la frigidez invasora de las piedras muertas».[2] Este trabajo que se desarrolla dentro del corazón coincide con lo que la Cábala denomina *Tikún*. Como opina Gershom Sholem, «se puede decir que toda actividad humana, y en particular del hombre judío, no es más que trabajo en el proceso del *Tikún*».

---

1. Véase Louis Cattiaux, *El Mensaje Reencontrado*, Ed. Sirio, Málaga, 1978, pág. 138.
2. Véase Louis Cattiaux, *op. cit.*, pág. 214.

Una vez hechas estas consideraciones, debemos señalar también otra interpretación, a nuestro entender totalmente tradicional y que no se contradice con la anterior, de trabajar «a cubierto». De nuevo nos apoyaremos en la Cábala y el idioma hebreo, donde el verbo cubrir, *kassah* (כסה), presenta una sorprendente coincidencia fonética con la palabra española «casa». Lo que «cubre» y en cierto modo «protege» a la logia es el cielo estrellado, símbolo del *Shamaim* de los cabalistas, el cielo o, si lo preferimos, de la *Rakiah* (רקיע), «el firmamento». El cielo hace de *Gag* (גג), «techo», palabra en la que encontramos dos letras *Guimel* (ג), símbolo de la generosidad y la riqueza.

El techo nos protege de la «intemperie», palabra donde encontramos la raíz *temp* que comparten Templo y tiempo (*tempus*), o sea de lo profano. Nos resguarda del «mal tiempo». El tiempo es, por decirlo de algún modo, el exterior del Templo que está, valga el símil, edificado en la eternidad y es, por su naturaleza misma, atemporal.

LI

Spes mea in Deo est

ste aforismo masónico, tan caro al caballero rosacruz, podría traducirse como «mi esperanza está (puesta) en Dios». Sin duda chocará a aquellas personas que, desconocedoras de los misterios iniciáticos, los confunden con lo religioso. El sentido del aforismo es, sin embargo, más cabalístico y alquímico que religioso.

El origen de estas palabras hemos de buscarlo en un salmo absolutamente iniciático, el *De Profundis*,[1] que dice literalmente «A tu palabra esperé» y que se ha traducido como «en Su Palabra he puesto mi esperanza». Se trata, obviamente de la virtud de la Esperanza (*Spes*) y de la Palabra Perdida (*Verbum Dimissum*), la Palabra Perdida que busca el masón, y que el aforismo equipara a Dios.

---

1. Véase *Salmos* CXXX, 6.

Cualquier aficionado a la literatura alquímica recordará que el autor del famoso *Enquiridión de la Física restituida* ocultó su nombre bajo un curioso anagrama: «*Spes mea est in agno*». ¿Será Agno el nombre de una ninfa, que fue nodriza de Zeus, o se estará refiriendo D'Espagnet al fuego (*ignis*) alquímico?

LII

Masonería y misticismo

«Si IHWH no construye la casa, en vano
trabajan los que la edifican.»

SALMOS CXXVII, 1

os hombres pretenden construir, pero es en vano
si el Gran Arquitecto del Universo no construye
Él mismo», afirma un antiguo ritual masónico,
haciéndose sin duda eco de las palabras del rey David.

En estas palabras podemos hallar la diferencia esencial
existente entre el camino del místico o el del asceta, que
creen poder elevarse por sí mismos, y el del iniciado en los
santos misterios, que sabe que ha de recibir una influencia
espiritual no humana para poder realizar sus trabajos. Los
misterios divinos son misterios encarnados, como podemos
deducir de las palabras del libro de *Job* (XIX, 26): «Desde mi
carne veré a Dios».

Cuando se pierde la Tradición, aparecen los místicos, que
creen que basta con evadirse del cuerpo para llegar a la Luz.

La célebre y sintética afirmación de Pike de que «la masonería es una búsqueda de la Luz»[1] puede llevar a equívocos y
errores. El hebreo «luz» *Or* (אור) tiene la misma guematria que

---

1. Pike, *Morals and Dogma*, Charleston, 1871, pág. 741. Este libro puede
   consultarse en la web: freemasons-freemasonry.com/apikefr.

Raz (רז), «secreto». Esta Luz es, para el masón, lo mismo que la Palabra Perdida.

El Talmud de Babilonia, en el tratado *Shabat* (115 a) nos enseña que «los discípulos de los Sabios reciben el apelativo de "constructores"[2] porque durante su vida están ocupados en construir el mundo».

La idea de «construir el mundo» coincide plenamente con la idea masónica de edificar el Templo. De hecho, «el mundo» o «el Templo» son el hombre regenerado. Este trabajo es el trabajo iniciático por excelencia y no debe confundirse con el misticismo, como en más de una ocasión se ha hecho.

En el *Zohar* podemos apreciar que el estudio de la *Torah*, o sea el trabajo del cabalista, también se compara con construir mundos:

> Todo el que se esfuerza en (el estudio de) la
> *Torah* todos los días, merecerá recibir una parte
> del mundo venidero y es considerado como
> quien construye mundos.[3]

Por muy extraño que pueda parecerles a algunos, lo que se conoce por «misticismo» no es sino una degeneración, un

---

2. Son los *Benaim* (בנים), palabra relacionada etimológicamente con *Binah* (בינה), «inteligencia». Recordemos que, contestando a una pregunta de un masón sobre si en el siglo XX había masonería en Egipto, René Guénon respondía que «masones orientales utilizaban incluso marcas similares a los de sus colegas occidentales de la Edad Media, y que eran llamadas en árabe *Khatt el-Bannâin* (es decir, «escritura de los constructores»); pero todo esto pertenece a un pasado ya bastante lejano...» (*Speculative Mason*, vol. XXVII, julio de 1935, págs. 118-119).
3. Véase *Zohar* I, 47 a.

residuo de los misterios iniciáticos. La misma palabra «misticismo» está etimológicamente relacionada con «misterio»,
y de hecho el misticismo procede de los antiguos misterios,
mal entendidos. Como escribe René Guénon:[4]

> esta palabra es de aquellas para las cuales, lejos
> de poder referirse únicamente a su etimología,
> uno está rigurosamente obligado, si se quiere
> hacer comprender, a tener en cuenta el sentido
> que le ha sido impuesto por el uso, y que es, de
> hecho, el único que se le atribuye actualmen-
> te. Ahora bien, todo el mundo sabe lo que se en-
> tiende por «misticismo», desde hace ya muchos
> siglos, de manera que ya no es posible emplear
> este término para designar otra cosa; y es eso lo
> que, decimos, no tiene y no puede tener nada
> en común con la iniciación, primero porque ese
> misticismo depende exclusivamente del domi-
> nio religioso, es decir, exotérico, y después por-
> que la vía mística difiere de la vía iniciática por
> todos sus caracteres esenciales...

El origen de la masonería no es, pues, místico ni tampoco,
como sostienen autores como Manly P. Hall, «oculta». En su
libro *The Lost Keys of Freemasonry* (Las claves perdidas de la masonería), afirma que la masonería no es algo material, sino
una expresión universal de la Sabiduría Divina, aseveración

---

4. Véase René Guénon, *Aperçus sur l'initiation*, Éditions Traditionnelles,
   París, 1986, pág. 15.

en la que coincidimos, con los pertinentes matices, pero nos choca que sostenga que «la orden masónica no es una mera organización social, sino que está compuesta por todos los que se han agrupado para aprender y aplicar los principios del misticismo y los ritos ocultistas».

Con las mejores intenciones, este autor, que dispuso de una de las mejores bibliotecas herméticas del mundo, se nos presenta como un exponente más de las corrientes místicas y ocultistas del siglo XIX que parecen desconocer los misterios de la resurrección.

Si bien es cierto que «una verdad a medias es peor que una mentira», también lo es que el *ora* del místico separado del *labora* correspondiente se queda, en el mejor de los casos, en el dominio de lo emocional y lo religioso. Podemos ver en el *ora* una alusión a la luz *Or* (אור), pero es una luz sin peso, sin densidad. En el *labor* (carga, peso, esfuerzo) del *labora* se halla el trabajo por excelencia que es la condensación de la Luz.

LIII

Un libre don de Dios a los hijos de los hombres

a Masonería fue definida en el *Manuscrito Graham* (1726) como «Un libre don de Dios a los hijos de los hombres». Estas palabras carecerían de interés si no se refirieran a algo muy importante, algo tan importante como el *Donum Dei,* y si esta expresión no fuera una expresión muy familiar para los alquimistas. La expresión *Donum Dei* o «Don de Dios» suena a católico y choca encontrarla en un contexto como el masónico. De hecho, hallamos este concepto en la *Suma Teológica* (I-38) de santo Tomás de Aquino,[1] donde se equipara con el Espíritu Santo.

En sánscrito, la palabra «don», «regalo», se dice *Datta.* Sin duda de esta raíz proceden el griego *didomi,* «yo doy», el latín *datio,* «donación» e incluso la palabra castellana «dote», que es un regalo que ofrece el padre de la novia a su futuro yerno.

---

1. Santo Tomás lo toma de san Agustín *De Trinitate* l. 15, c. 19.

Todos estos términos derivan del sánscrito *da*, «dar». Pero quienes quizá nos desvelan más en qué consiste este *Donum dei* son, sin duda, los filósofos herméticos o alquimistas.[2] En *El Mensaje Reencontrado* podemos leer:

> Trabajemos para lo que nos es necesario y detengámonos cuando aparece lo superfluo, porque es un Don de Dios que ha de manifestarse naturalmente (XXXVIII-51')

> Lo único necesario basta para tener lo superfluo, y lo superfluo basta para tener lo único necesario. Y ambos juntos bastan para tener la vida salva. (XXXVIII-53').

Lo superfluo es, pues, algo que ha de manifestarse naturalmente y que es un don de Dios. El adjetivo «superfluo» se ha convertido en sinónimo de «excesivo», pero en realidad *super fluo* es aquello que «fluye por encima». Es la misma idea que encontramos en *Génesis* I, 2: «el espíritu de Dios fluía sobre las aguas». Se trata del *Donum Dei*, del Espíritu Santo. Espíritu Santo se dice en hebreo *Ruaj haKoddesh*, y su guematria, 623, es particularmente interesante, ya que de algún modo

---

2. El Cosmopolita, en su *Nueva Luz Química*, insiste en que «nuestra ciencia es un don de Dios». Ireneo Filaleteo (*La entrada abierta al palacio cerrado del rey*, XVIII-3) aplica este calificativo a «nuestro oro». Curiosamente en hebreo *Tsahav* significa al mismo tiempo «aire muy puro» y «oro».

corresponde al nombre divino de «El Viviente», *El Jai* (אל חי).
La llamada «guematria plena» de estas cuatro letras es *Alef*
(א), 111; *Lamed* (ל), 74; *Jet* (ח), 418 y *Iod* (י), 20, cantidades que,
sumadas, dan como resultado 623. Curiosamente, 623 es
también la guematria de *Ish Jadash*, «hombre nuevo». Este *Ish
Jadash* es el Templo reconstruido, el hombre construido a sí
mismo del que nos hablaba Paul Valery.

Tradición y Escritura: un don de Dios

obre todo en Francia y en el siglo XVIII, nos encontramos con diversos autores que relacionan la masonería con la alquimia.

En el *Manuscrito Graham* (1726) podemos leer:

> – ¿Por qué se llama franc-masonería?
> – En primer lugar, porque ella es un libre don de Dios a los hijos de los hombres; en segundo lugar, porque está liberada de la intrusión de los espíritus infernales; y en tercer lugar, porque es la libre unión de los hermanos de ese santo secreto que debe subsistir para siempre.

En este mismo manuscrito aparecen las palabras con las que encabezábamos este libro:

> «He sido elevado en el conocimiento de nuestros orígenes, gracias a la vez a la Tradición y a la Escritura».

Cuando en el mundo profano hablamos de tradición, con minúscula, podemos estar refiriéndonos a muchas cosas.

Cuando mencionamos las «Escrituras», también. En la sociedad actual se confunde tradicionalismo con Tradición, pero el tradicionalismo no es más que una pátina, un vestigio de lo que en algún momento recibió el nombre de Tradición.

En lo que se refiere a las Escrituras, la tendencia es considerar como tales únicamente a las cristianas, especialmente al Nuevo Testamento.

Si nos colocamos fuera de esa especie de espejismo que es el mundo moderno y echamos mano del mero sentido común, veremos que *hay otras Escrituras* fuera del judeocristianismo; pero, si profundizamos en ellas, descubrimos que en el fondo hay una única tradición, lo que Guénon denominaba la Tradición Primordial, y una única Escritura expresada en todas y cada una de las escrituras sagradas de la humanidad.

Si recurrimos a la tradición hebrea, podemos comparar la Escritura con la *Torah* escrita y la Tradición con la *Torah* Oral. Su unión nos lleva al «conocimiento de nuestros orígenes». Como nos descubren los cabalistas, la *Torah* escrita comienza por la letra *Beth* (ב) y la oral por la letra *Mem* (מ), cuyo valor numérico es, respectivamente, 2 y 40, sumando la palabra *Bam* (בם), 42. *Bam* (בם) significa «en ellos», enseñándonos de algún modo que el secreto está en ellos, en la unión de los contrarios, en la unión de la Escritura y la Tradición.

Por otra parte, *Bam* (בם) alude a *Mab* (מב), el Nombre Sagrado de 42 letras conocido como la «Corona de la *Torah*».

La logia, la palabra perdida y el Gran Arquitecto del Universo

o son pocos los autores que han considerado los diversos símbolos como diferentes facetas de un mismo cuerpo. Es harto conocido el ejemplo del diamante, cuyo brillo depende de todas sus facetas o lados. Es al principio una piedra negra y bruta, pero después de su pulimento se convierte en una joya. Lo mismo opinan los sabios cabalistas de la *Torah*, cuyas palabras se complementan para formar un todo, que es Luz. Al principio es oscura, pero a medida que el cabalista intima con sus secretos va tornándose luminosa. De algún modo, lo mismo ocurre con la logia y con los diferentes símbolos que podemos encontrar en ella.

Apoyándonos en la etimología, podemos adivinar una identidad entre la logia, la Palabra Perdida y el Gran Arquitecto del Universo. Como escribe Francisco Ariza, sin duda uno de los mejores especialistas actuales en simbolismo masónico, «en la logia masónica se dan una multitud de correspondencias simbólicas que tejen un conjunto perfectamente tramado donde es posible percibir la armonía del mundo. Nada en este templo es superfluo ni ha sido puesto al azar, y cada símbolo allí presente, cada palabra o gesto emitido, está reflejando un matiz particular de esa armonía».

El origen etimológico de la palabra *logia* es harto conocido: ésta deriva del griego *logos*, que significa «verbo»[1] o «palabra»; de ahí que podamos asociarla con el *Verbum Dimissum* o Palabra Perdida. Pero es lícito ir más lejos y ver en logia la raíz sánscrita *loka*, que significa «lugar», y que es el equivalente exacto del hebreo *Makom* (מקום), «lugar», término que encontramos, por ejemplo, en el célebre sueño de Jacob cuando dice «qué terrible es este lugar». En el judaísmo la palabra *Makom* (מקום) es también un Nombre de Dios, una manera de referirse a lo que en masonería sería el Gran Arquitecto del Universo.

Se ha visto también una relación etimológica entre *logia* y *luz*. La logia es «un *lugar* muy *iluminado* y muy regular». Esta asociación quizá debamos buscarla, como ya lo han hecho numerosos estudiosos, en la relación entre la raíz *logos* y *luke*, que significa «luz». *Luke* o *lyke* significa «lobo» y, como señala René Guénon,[2] era entre los griegos un animal solar:

> En griego, el lobo es *lykos* y la luz *lykê*; de ahí el
> epíteto, de doble sentido, del Apolo Licio.

También podemos dirigirnos a la etimología sánscrita de *aloka*, que significa «vista» y «luz». De ahí deriva el verbo *ava-*

---

1. En el sentido con que aparece en el primer versículo del Evangelio según San Juan: «Al principio era el Verbo...».
2. Véase René Guénon, *Símbolos fundamentales de la Ciencia Sagrada*, trad. de Juan Valmard, Editorial Eudeba, Buenos Aires, 1979, pág. 144.

lok, «contemplar». De hecho, el verbo sánscrito *lok* significa «ver» y *lokana* son los ojos. Observemos su semejanza con el *lukos* griego e incluso con el *look* inglés. Apoyándonos en estas etimologías y a riesgo de escandalizar a algunos, nos atrevemos a afirmar que la *logia es el Lugar de la Visión*.

La relación entre la logia y el Corazón, o sea el Centro, que ya hemos visto en varias ocasiones a lo largo de este libro la encontramos también en la idea de la «caverna iniciática». De nuevo es el lugar de la Visión. En la literatura cabalística se relaciona a menudo el corazón *Leb* (לב) con la palabra *Dabar* (דבר). El corazón es el *Lugar* de la Palabra. En el Talmud de Jerusalén (*Terumoth* III, 8) está escrito que «la boca y el corazón son lo mismo», y en el de Babilonia (*Berajoth* 6 b) que «Cuando la boca expresa aquello que está verdaderamente en el corazón, las palabras que salen del corazón del que habla entran al corazón del que escucha».

Los cabalistas nos enseñan que el misterio de la letra *Alef* (א), la primera del alfabeto, que se escribe *Alef* (א), *Lamed* (ל), *Pei* (פ), (אלפ) es que se refiere a *Ejad Leb Peh* (אחד לב פה), «uno es el corazón y la boca». La guematria de esta frase, 130, es, como ya vimos, la de *Sulam* (סלם) y *Sinai* (סני). 130 es el valor de *Ejad*, (אחד) «uno», 13, multiplicado por 10.

Las cuatro direcciones que surgen del punto central de la logia, representado por el corazón, *Leb* (לב),[3] podemos identificarlas en el Nombre de Dios por excelencia, el denominado Tetragrama: IHWH (יהוה), que la masonería ha conserva-

---

3. Observemos que la guematria de esta palabra es 32, o sea 8 multiplicado por 4.

do. Este Nombre inefable representa a la Palabra Perdida, *Dabar Abdah* (דבר אבדה). La guematria de IHWH (יהוה) es 26, o sea la de *Ejad,* (אחד) «uno» multiplicada por 2. Este número 26 lo podemos ver en el mandil del masón desarrollado como una *Tetraktys.*[4]

Como escribe Francisco Ariza, «continuando con la descripción de la logia, observamos que en el Oriente se añade el *Debir,* que en el Templo de Jerusalén o de Salomón simbolizaba el *Sancta-sanctorum* o "Santo de los santos". El *Debir* tiene forma de hemiciclo, idéntico al ábside semicircular de las iglesias y catedrales cristianas, lo mismo que el *mihrab* de las mezquitas musulmanas».

Señalemos que *Debir* (דביר) y *Dabar* (דבר) comparten raíz. En hebreo *Debir* (דביר), el *Sancta-sanctorum,* se compone de las mismas letras que *Divri* (דברי), «mi Palabra» y tiene una guematria de 216, como *Irah* (יראה), «temor», en el sentido de «temor reverencial».

Por otra parte, es curioso observar que en la palabra *Abdah* (אבדה),[5] «perdida», aparecen cuatro de las cinco primeras letras del alfabeto. Se ha *perdido* una letra. Curiosamente se trata de la letra *Guimel* (ג), tercera letra del alfabeto hebreo que ya relacionamos con «gloria, grandeza y geometría», que

---

4. René Guénon relaciona el Tetragrama con la Palabra Perdida en su artículo «Palabra Perdida y Nombres Sustitutivos», publicado originalmente en la revista *Études Traditionnelles,* julio-diciembre de 1948 y recogido posteriormente en *Études sur la Franc-Maçonnerie et le Compagnonnage,* París, Éd. Traditionnelles, 1956, t. II.
5. El término *Abdah* (אבדה) encierra sin duda un misterio alquímico que no podemos desarrollar en este libro, ya que esta palabra está compuesta por las mismas letras que *Daaba* (דהבא), «oro».

en masonería corresponde a la letra G. Esta «letra perdida» que, como vimos, es lo mismo que el compás, alude de nuevo a la Palabra Perdida. La conocida expresión de «perder el compás» no debería aplicarse únicamente a los músicos, sino a todos los masones que han perdido el recuerdo del Gran Arquitecto del Universo.

Índice